그 모습 그대로 아름다운 나, _____
자기사랑 첫걸음을 내딛다.

_____ 년 ____월 ____일

Yes to Myself
나를 위한 용기

부족해서 아름다운 나에게

Yes to Myself
나를 위한 용기

부족해서 아름다운 나에게

지나영 지음

특별한서재

여는 글

"당신은 문제가 너무 많아."

보청기를 맞출 만큼 나빠진 청력 탓에, 몇 번 말해도 잘 못 알아듣는 저에게 남편이 농담 섞인 하소연을 합니다.

"귀도 안 들려, 눈도 안 보여, 기억도 못 해, 만성피로 증후군에다, 뭘 해도 어설프고 실수투성이니, 당신은 살아가는 그 자체가 기적이야."

누군가가 나에게 이렇게 말한다면 기분이 어떨까요? 어떻게 반응할 것 같나요?

저는 바로 신나게 맞장구를 쳤습니다.

"그러게 말이야. 이렇게 온갖 것이 엉성한 나에겐 하

루하루가 정말 기적이야. 모든 것이 감사할 따름이야!"

 이렇게 늘 좌충우돌인 저에게 2024년 2월은 특별한 달이었습니다. 14일 발렌타인데이를 시작으로, 자신을 보는 시각을 비판과 평가에서 이해와 사랑으로 바꾸는 '지사랑 챌린지(ji-mind.com)'를 진행했기 때문입니다. 이는 수년간 우리 사회의 마음건강 증진을 위한 노력을 기울이면서 큰 필요를 느꼈던 부분이었습니다.

 우리의 삶을 잘 살아가는 데 무엇보다 중요한 것이 바로 자신을 바라보는 건강한 시각(나에 대한 핵심 신념, core beliefs about the self)입니다. '나 이 정도면 괜찮은 사람이지', '나는 부족한 부분도 많지만, 그래도 사랑스러운 사람이야', '내가 못하는 일도 있지만, 잘하는 일도 꽤 있어.' 같은 단단한 믿음 말이지요.

 그런데, 우리 사회에서는 '나는 부족한 것밖에 없는 실패자야', '다른 사람들이 다 하는 것도 제대로 못하는 낙오자야', '나는 아무 쓸모도 없는 사람이야.' 같은 부정적인 신념이 만연한 듯했습니다. 누군가가 "너 왜 이렇게 못하는 게 많아?"라고 한다면, 곧장 무너져 버릴 것만 같은 아슬아슬하고 지친 모습도 자주 보였습니다.

 이런 분들에게 제가 지사랑 챌린지를 통해 반드시 전하고자 했던 메시지가 있었습니다. 우리가 자신을 사랑하는 이유는 결코 나 자신이 완벽하고 잘나서가 아니라는 것입니다. 갖가지 부족한 모습까지 다해서 우리 모두는 가치 있고 사랑받을 만한 사람이니까요. 이를 깨닫기만 한다면 수많은 사람이 더 행복해질 수 있을 거라 확신했습니다.
 그럼에도, 정작 얼마나 많은 분들이 지사랑 챌린지에 관심을 가질지는 의문이었어요. 자기계발을 위한 영어 공부, 경제 공부, 직업상 필요한 기술 습득 같은 '현실적인' 필요에 밀려 뒷전이지 않을까 염려도 했습니다.

 그런데 300명 정원이 순식간에 마감되고, 증원 요청이 계속될 정도였어요. 낮은 자존감을 회복하고 싶고, 나를 사랑하는 방법을 배우고 싶다는 이유로 참여하신 분들이 대다수였습니다.

'역시 우리는 모두 스스로를 사랑하고 싶어 하는 거야. 사랑하고 싶어도 사랑스럽게 느껴지지 않을 뿐이야. 사랑하고 싶어도 어떻게 사랑하는 것인지 모를 뿐이야.'

지사랑 챌린지 후 결과는 저도 놀랄 정도였습니다. 존재만으로도 소중하다는 말을 처음으로 이해하게 되었다, 바닥을 치던 자존감이 올라갔다, 나를 어떻게 사랑하는 건지 몰랐는데 알게 되어 감사하다, 나뿐만 아니라 다른 사람을 어떻게 사랑하는지도 알게 됐다는 분들처럼, 확연한 변화를 경험했다는 피드백이 쏟아졌습니다.

이제는 자기사랑을 더 많은 사람에게 전해야 한다는 확신과 사명을 느꼈습니다. 먼저, 시공간 제한 없이 누구나 쉽게 참여할 수 있도록 영상으로 강의를 제작했습니다. 그리고 강의와 함께 보거나 따로 읽으며 연습할 수 있도록 이 책을 엮었습니다.

자기사랑의 주요 요소에는 자기자비self-compassion, 자기수용self-acceptance, 자기존중self-respect, 자기돌봄self-care이 있습니다. 지금까지 실천하지 못했던 이런 개념을 배우고 이해했다고 해서 바로 삶의 자세가 바뀌기는 어렵습니다. 그러니, 각 장을 읽은 후에는 꼭 워크시트를 한 주 동안 연습하고 다음 장으로 넘어가시길 권합니다. 파트너나 소그룹과 나누면서 함께하면 더욱 좋습니다. 연습을 자주 할수록 새로운 시각이 삶에 녹아들어 자연스럽게 나의 일부분이 될 테니까요.

저는 꿈이 많은 사람입니다. 세상 모든 사람이 '나를 위한 용기'를 내어 나에게 "Yes" 하면서, 나를 아끼고 존중해 준다면 얼마나 마음이 든든할까요? 부족해서 아름다운 나를 애틋하게 보듬어 주고 사랑해 준다면 얼마나 가슴이 따뜻해질까요? 이런 꿈을 같이하는 출판사 특별한서재와 함께 이 책을 정성껏 엮어 이제 여러분 곁으로 보냅니다.

부디 이 책이 여러분이 그 모습 그대로 얼마나 가치 있고 사랑스러운 사람인지 알게 되는, 그 새로운, 건강한, 행복한 세상을 여는 문이 되어주기를 바랍니다.

2024년 여름
메릴랜드에서 지나영

차례

여는 글 … 4

1주차	나를 사랑할 준비: 기본 자세 … 11	
2주차	자책과 비난을 떠나보내며: 자기용서 … 35	
3주차	내가 살아갈 집을 짓다: 자존감과 가치 … 63	
4주차	단점이 장점이 되는 마법: 자기수용 1 … 87	
5주차	내 몸, 그대로의 아름다움: 자기수용 2 … 121	
6주차	내가 이끄는 삶: 자기돌봄 … 149	
7주차	Yes to Myself: 자기존중 … 171	
8주차	10년 뒤 나를 만드는 길 … 192	
9주차	지금 당장 행복해질 수 있다 … 209	

마치는 글 … 233

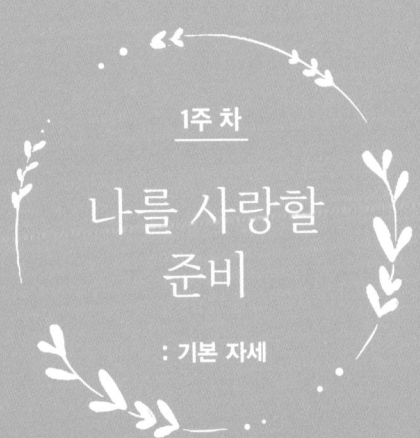

1주 차

나를 사랑할 준비

: 기본 자세

인간이 살아가는 데 가장 중요한 것은 사랑입니다. 우리의 거의 모든 행동이 결국은 사랑받기 위해서 하는 것이라 해도 과언이 아닐 정도이지요. 부모형제, 배우자와 자녀처럼 우리에게 가장 가까운 사람들과 또 나아가서는 친구, 이웃도 다 사랑의 대상이라고 할 수 있습니다.

그럼 세상에서 내가 가장 사랑해야 하는 사람은 누구일까요? 그건 자녀도 아니고 배우자도 아니고, 바로 자기 자신입니다. 안타깝게도 우리 한국 사회에서 수많은 꾸지람과 지적을 받으면서 자라다 보면 자신을 사랑하기란 참으로 쉽지 않습니다.

그런데 자신을 사랑하지 못하는 사람이 다른 사람과 세상을 사랑한다는 것은 쉬울까요? 만약 그럴 수 있다고 해도 그 사랑 안에서 진정으로 행복하기란 참 어렵습니다.

많은 심리학자와 정신과 의사들이 강조하는 것처럼 내가 나를 인정하고, 믿어주고, 사랑하며, 소중하고 귀하게 여기는 데서 인생을 살아가는 힘, 특히 어려움을 겪을 때 꺼낼 수 있는 저변의 힘이 나옵니다.

자기사랑이라는 개념은 종종 언급되기도 하지만, 어떻게 실천해야 하는지 감이 잡히지 않는 분도 많을 겁니다. 여기서 자기를 사랑하는 기본 자세에 대해 먼저 배워봅니다.

내면 보기 (Look Inward)

첫 번째, 나의 시야를, 시각을, 안으로 돌려보세요.

세상을 살아가는 우리의 눈은 대부분의 경우 어디를 바라보고 있습니까?

남편, 아내, 부모, 자녀 등의 가족과 직장 상사, 동료, 친구 등의 지인, 또 주변을 둘러싼 환경을 향해 있지요. 그리고 거울로 자신의 얼굴도 자주 보기도 하지요.

그런데 우리의 눈은 그 거울 뒤에 있는 진정한 '나'를 제대로 보지 못하고 있습니다. 특히, 나의 내면은 잘 들여다보려고 하지 않습니다.

내면을 들여다보는 연습은 우리의 정신 건강을 도모할 때 빠질 수 없는 필수 과정입니다. 바쁘게 돌아가는 삶에서 우리의 내면에는 신경도 쓰지 않을 때도 많습니다. 우리 마음이 너무 속상해도 잘 보살펴 주기보다는 모른 체하며 덮어버리고 지나가기 일쑤입니다. 이제 내 마음을 보는 것을, 내면으로 눈을 돌리는 것을 매일 연습해 볼 겁니다.

그러면 나를 제대로 보게 될 뿐만 아니라 완전히 다른 세상(내면의 세계)에 눈을 뜰 거예요.

판단 금지 (No Judgment)

두 번째, 판단하지 않습니다.

세상은 우리를 그리고 서로를 쉴 틈 없이 평가하고 판단합니다.

"그러면 안 되지", "왜 그런 걸 입고 다녀?", "성적이 이게 뭐야?", "넌 제대로 하는 것이 하나도 없니?", "네 말은 다 틀렸어."

스스로를 돌아볼 때 그 옳고 그름을 판단하거나 잘잘

못을 평가하지 말고, '내가 이렇게 느끼는구나, 내가 이런 마음이구나, 내가 이런 상태구나.' 하면서 나의 마음을 알아차리고 그대로 수용합니다.

솔직하기 (Be Honest)

세 번째, 자기에게 솔직해집니다.

남한테는 온전히 솔직하지 않을 수도 있어요. 내가 지금 한없이 슬픈데도 가족에게조차 표현하고 싶지 않을 때가 있는 것처럼요. 우리 모두 남들에게 보여주고 싶지 않은 부분이 있지요.

하지만 나 자신에게만큼은 있는 모습 그대로를 보여주고, 그 감정을 가감 없이 느끼고 솔직해져 봅니다. 나를 사랑하는 연습을 하는데, 진실되지 않고 꾸며진 모습만 보여준다면 진정한 사랑을 하기 어렵겠죠?

이 책을 통해 자신의 내면을 보는 법, 판단하지 않고 수용하는 법, 자신에게 솔직해지는 법을 연습해서 자기 사랑의 자세를 늘 지니고 살기를 바랍니다.

나의 스트레스 레벨 체크

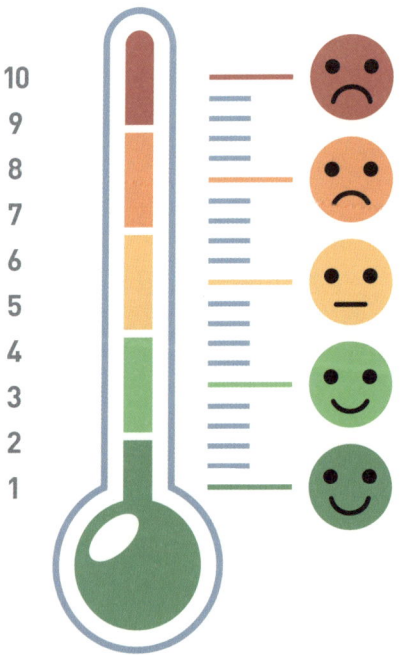

나를 사랑할 준비: 기본 자세

내면을 보는 연습, 그 첫 번째로 나의 스트레스 레벨을 한번 가늠해 보겠습니다. 세상에 스트레스가 없는 사람은 없습니다. 위 그림에서 1~3 레벨은 누구에게나 있는 적절한 스트레스 정도입니다. 4~7 레벨은 좀 더 심한 스트레스를 받기 시작하면서 마음이 한층 더 불편해지는 정도입니다. 8~10 레벨은 과도한 스트레스로 인해 마음이 힘들고 괴로워서 소리 지르거나 터뜨리고 싶고, 울고 싶을 정도입니다. 스트레스가 쌓이면 바깥으로 표출되는 사람도 있지만, 안으로 표현하는 사람도 있답니다. 그런 경우 우울감이나 불안감이 증가하기도 하지요.

내 몸과 마음을 살펴 스트레스 레벨이 어디쯤인지 체크해 보세요.

앞에서 배운 세 가지 기본 자세를 떠올리면서 질문에 답해 보세요.

1. 내면 보기(Look inward)
2. 판단 금지(No judgment)
3. 솔직하기(Be honest)

💬 나의 스트레스 레벨은 1~10 중 어느 정도입니까?

💬 내가 이렇게 스트레스를 받고 있는 이유가 있는 것 같나요?
생각나는 것이 있으면 적어보세요.

우리가 어려운 일, 두려운 일, 화나는 일을 겪으면서 스트레스를 받으면 뇌에서 편도체amygdala라는 부분이 활성화됩니다. 편도체는 생명체가 위협을 느끼면 활성화되는 부위로, 어떤 이유로든 일단 활성화되면 마치 신체나 생명에 위협을 직면한 것과 같은 반응이 나옵니다. 스트레스 호르몬들이 분비되고 교감신경이 항진되어 온몸에서 싸우거나 도망가는 반응이 나오게 돼요. 이러한 스트레스 반응을 '투쟁-도피 반응fight-or-flight response'이라고 합니다. 그래서 부정적인 감정으로 인해 편도체가 활성화돼 있으면 짜증도 잘 나고 쉽게 싸움이 일어나기도 합니다(투쟁). 또는 숨어버리거나 아예 문제를 회피해 버리는 수도 있습니다(도피).

이때 '내가 지금 어떤 상태지? 어떤 감정을 느끼고 있나? 내가 지금 스트레스를 얼마나 받고 있나?' 하고 내면을 살펴보는 것은 중요합니다. 왜냐하면 자신의 생각과 감정을 들여다보는 자기성찰self-reflection 과정을 밟을 때 이성적인 생각을 할 수 있는 전전두피질prefrontal cortex이 활성화되기 때문입니다. 반면에 위협과 두려움을 느끼던 편도체는 안정화됩니다. 진정하려는 다른 노력을 하지는 못하더라도 나의 내면을 살피고 점검하는 자기성찰 과정을 갖는 것 자체만으로도 진정, 이완 효과가 나타납니다.

내가 느끼는 감정들에 동그라미 쳐보세요.

무서운　　　　　　　　멍한
걱정스러운　신경 쓰이는　어안이 벙벙한　당황스러운
불안한　긴장되는　우려되는　이해할 수 없는　당혹스러운
공포스러운　겁나는　두려운　어리둥절한　어이없는　놀란
초조한　떨리는　조바심 나는　충격적인　기가 막힌　경악한
허탈한　외로운　허전한　우울한　기쁜　흐뭇한　상쾌한　후련한
비참한　비통한　좌절한　암담한　즐거운　유쾌한　들뜬　감사한
안쓰러운　비탄한　안타까운　흥분한　황홀한　신바람 나는
절망적인　눈물겨운　서글픈　희망찬　기대감이 넘치는
애잔한　침울한　가슴 아픈　행운이 넘치는　빛나는
얄미운　열받는　불쾌한　쪽팔리는　자책하는
속상한　불만스러운　미안한　부끄러운
억울한　분한　수치스러운
노여움　죄책감
화난

나를 사랑할 준비 : 기본 자세

자, 이제 두 번째 내면을 보는 연습을 해보겠습니다. 차분히 나 자신에게 물어보세요.

'나, 지금은 마음이 어떻지? 어떤 감정을 느끼고 있지?' 그냥 인생이 전반적으로 우울하고 괴롭게 느껴진다는 분도 있겠지만, 여러 가지 복합적인 감정을 함께 느끼는 경우도 많습니다. 외로움과 두려움을 동시에 느낄 수도 있고, 또는 즐거웠다가 슬펐다가 화가 나는 것처럼 감정 기복이 심해서 힘든 분도 있을 것입니다.

앞의 그림을 보고 내가 느끼는 감정들에 동그라미를 쳐보세요. 여기에 나오지 않은 감정이 있다면 적어 넣으셔도 됩니다. 지금 느끼고 있는 감정도 좋고 최근에 많이 느낀 감정도 좋습니다. 아무 감정이 없는 것 같다는 분도 있겠지만, 이 경우 자신의 내면을 보는 연습을 많이 해보지 않아 그럴 수도 있습니다. 괜찮습니다. 지금부터 함께 연습하면 되니까요.

이제 자신이 느끼는 감정을 다 찾아서 동그라미 쳤다면 다음 그림의 어느 구역에 내가 선택한 단어들이 있나 보세요. 나는 어떤 감정을 가장 많이 느끼고 있나요?
(후회는 '감정'이라기보다 '생각'이라고 할 수 있지만, 많이 경험하고 힘들어하시는 것이라 여기 포함하였습니다.)

♥ 나는 어떤 감정을 느끼고 있나요?

나를 사랑할 준비: 기본 자세

단어로 표현하는 것이 어렵다면 표정 그림으로 나의 감정을 표현해 보는 것도 좋습니다. 내 감정과 비슷한 그림을 골라 동그라미 쳐보세요.

틈날 때마다 앞의 감정 단어와 감정 표정 부분을 펼쳐서 내 감정을 돌아보세요.

친구에게 "너 잘 있니, 요즘 어때?" 물어보듯이, 자녀에게 "오늘 학교는 어땠어?" 물어보듯이 자기 자신에게도 물어봐야 합니다. 그러고는 '나는 요즘 슬픔을 자주 느끼는구나, 분노와 억울함이 많았구나' 등 나의 마음에 귀를 기울여 주세요. 소중한 사람을 살피듯 내 마음도 살펴주어야 합니다. 우리 사회에서 많은 분들이 내면을 바라보는 것을 어려워하는 건 당연한 것 같습니다. 이 부분을 배우고 연습할 기회가 많이 없었을 테니까요.

이 연습을 통해 우리는 나의 내면을 더 잘 보게 되고, 편도체는 안정화시키고 전전두피질을 활성화하면서 두렵고 힘든 마음을 진정시킬 수 있습니다. 스트레스로 인한 교감신경 항진으로 긴장되었던 몸도 교감신경이 저하되고 부교감신경은 항진되면서 훨씬 더 이완될 것입니다.

내면 보기의 첫 연습으로 나의 스트레스 레벨을 가늠해 보고 나의 감정을 들여다보는 시간을 가졌는데요, 이제는 이를 마무리하는 명상을 함께 해봅니다.

호흡과 명상

나를 알아가는 자기사랑 명상

　편안하게 앉아 숨을 찬찬히 들이마시고 내쉬어 보세요. 눈을 감아도 되고, 시선을 살며시 내려도 됩니다. 내 몸과 마음을 릴랙스 하면서 편안하게 해주는 것입니다.

　큰 숨을 천천히 들이쉬면서 코로 시원한 공기가 들어가는 것을 느껴보세요. 코로 들어가서 비강과 목으로, 또 가슴과 배까지 들어가는 것을 느껴보세요. 다시 천천히 숨을 내쉽니다. 배에서부터 가슴과 목으로, 입으로 공기를 내보냅니다. 이렇게 공기가 들어가고 나가는 것을 따라 느끼면서 심호흡을 몇 번 더 합니다.

　이제 내면으로 눈을 돌려 내 감정을 살펴봅니다. 어떤 감정이 많이 차 있나요? 답답함, 슬픔, 애잔함, 놀람, 걱정, 기쁨, 후회, 분노…… 잘 살펴보면 부정과 긍정의 감정이 같이 있기도 할 것입니다. 어떤 감정을 느끼고 있건 간에 '그렇게 느낄 필요가 뭐 있어? 그러게 그때 너 왜 그랬니?'처럼 나의 감정을 부정하거나 비판하거나 판단하려 하지 말고 솔직하게 인정하면서 있는 그대로 받아들입니다.

내 마음에서 나오는 감정은 마치 하늘에 있는 구름과 같습니다. 구름은 계속 제자리에 있는 게 아니라, 바람에 따라 마냥 흘러갑니다. 구름이 흘러가는 것처럼 우리의 좋았던 감정도 흘러가고 또 나빴던 감정도 계속 머물지는 못합니다. 기쁨, 분노, 슬픔, 두려움 같은 강한 감정도 결국 구름처럼 지나갑니다.

그렇게 생각하면 더더욱 모든 감정은 맞다, 틀리다고 말할 게 없지요. 그저 와서 머물다가 또 흘러갈 뿐이니까요. 내가 느끼는 감정은 그냥 거기에 있는 겁니다.

"내 감정이 그랬구나, 그때 억울했구나, 그게 걱정됐구나, 슬펐구나, 화가 났구나, 속상했구나, 후회가 됐구나." 하고 알아주면서 자기를 한번 안아보세요. 그러고 나서는 감정을 떠나보냅니다.

구름을 떠밀어 빨리 보내버릴 수도 없듯이 한자리에 잡을 수도 없습니다. 처음에는 감정을 구름처럼 보는 것이 쉽지 않을 수 있지만, 연습을 하다 보면 점점 그대로

나를 사랑할 준비: 기본 자세

거기 있는 감정을 알아차리고, 또 때가 되면 흘려보낼 수 있게 될 겁니다.

이제 감정을 다 보내고 나니 내 마음은 더 잔잔해졌습니다. 더 평온해졌습니다.

코로 크게 숨을 들이쉬고 입으로 천천히 내쉬면서 다음을 말합니다.
편안하다. I'm at ease.

다시 코로 들이쉬고 내쉴 때 말합니다.
평온하다. I'm at peace.

코로 들이쉬고 내쉴 때 입으로 말하는 것을 충분히 여러 번 반복합니다. 다시 자기 페이스대로 호흡을 천천히 몇 번 해보세요. 그리고 준비가 됐으면 눈을 뜹니다.

명상을 하고 나서 내 마음이 조금이나마 평안해졌는지, 나의 스트레스 레벨이 어느 정도가 되었는지 체크해 보는 것도 괜찮습니다. 이 모든 것이 나의 내면을 보는 연습입니다.

호흡과 명상을 하고 난 지금의 스트레스 레벨은 어느 정도인가요? _____
위의 호흡, 명상 전의 레벨과 다른가요? _____
내가 지금 가장 많이 느끼는 감정은 무엇인가요?
_____

호흡과 명상을 자주 연습하다 보면 시작 전후의 스트레스 레벨이 차이 나게 떨어지는 것을 경험하게 될 것입니다.
이 책을 통해 자신을 알아가고 사랑하는 법을 배우고 연습하는 과정을 밟아가는 동안, 더 건강하고 긍정적인 눈으로 '나'를 볼 수 있게 될 거라 믿습니다.

1주 차, 나를 사랑할 준비: 기본 자세

1일	년 월 일 요일

오늘 감사한 것 세 가지

1.

2.

3.

자기사랑의 기본 자세를 써보고, 오늘 이를 연습할 기회가 있었으면 써보세요. 예) 내면 보기: 내 감정 체크. 판단 금지: 이웃이 차를 우리 집 앞에 대서 화가 났지만, 나도 잠시 차를 다른 집 앞에 댈 때도 있으니 이해해 주었다.

1.

2.

3.

오늘 나의 스트레스 레벨은 1~10 중 어느 정도였나요?

그 이유가 있으면 적어보세요.

나의 감정은 오늘 어땠나요? 그 이유가 있으면 적어보세요.
(표현이 어려우면 앞의 하트 안에 나오는 감정 단어들을 참고하세요.)

1주 차 호흡과 명상을 하고 나서 스트레스 레벨을 다시 재어 봅니다. 어떤 변화가 있었나요? (없어도 괜찮습니다.)

| 2일 | 년   월   일   요일 |

오늘의 감정   스트레스 레벨

오늘 감사한 것 세 가지

1.

2.

3.

내면 보기(Look inward) 연습을 할 때 자신의 감정을 읽는 게 쉬웠나요, 어려웠나요?

평소 나는 나의 감정을 잘 알아차리고, 표현할 줄 아나요? 왜 그렇게 생각하나요?

나를 사랑할 준비: 기본 자세

3일   년   월   일   요일

오늘의 감정 .... 스트레스 레벨 ....

오늘 감사한 것 세 가지

1.

2.

3.

나는 타인의 실수나 잘못에 관대한가요, 엄격한가요? 예가 있으면 써보세요.

그렇다면 나의 실수나 잘못에는 어떤 편인가요? 생각나는 예가 있으면 써보세요.

| 4일 | 년 월 일 요일 |

오늘의 감정　　　　　　스트레스 레벨

오늘 감사한 것 세 가지

1.

2.

3.

나는 나와 남에게 진실한 편인가요?

....

....

....

내가 가장 숨기고 포장하고 싶은 내면의 모습이 있나요? 그것이 무엇인지 솔직하게 직면하고, 아래에 써보세요.

....

....

....

....

나를 사랑할 준비: 기본 자세

| 5일 | 년 월 일 요일 |

오늘의 감정   스트레스 레벨

오늘 감사한 것 세 가지

1.
2.
3.

자기사랑의 기본 자세를 다심하며 필사해 보세요.

내면 보기 Look inward

판단 금지 No judgment

솔직하기 Be honest

2주 차

자책과 비난을 떠나보내며

: 자기용서

자신을 사랑하려고 해도 쉽지 않은 경우 중 하나는, 나 자신이 비난받을 만하다고 생각할 때입니다. 이럴 때는 자신이 싫어지고 미워지는 지경까지도 가기 때문에 자기사랑의 첫걸음조차 떼기가 어렵습니다.

여러분 중에 자신을 사랑하고 싶지 않은 사람은 아무도 없을 기예요. 사랑하고 싶은데, 별로 사랑스럽지가 않을 뿐이지요. '너는 왜 이렇게 안 되니?'와 같은 자기비난, 자책, 비하가 더 앞서다 보면 아무리 나를 사랑하려 해도 어렵기 마련이지요.

자기사랑은 한걸음에 되는 것은 아닙니다. 나라는 도화지에는 이미 낙서도 있고 상처도 있습니다. 그것들을 조금씩 지워내고 사랑의 첫걸음을 함께 내디뎌 봅시다.

'아, 나도 이제 나를 용서하고 싶다'고 생각은 하는데, 어떻게 용서할지조차 모르는 분들도 많을 것입니다. 이제 자기사랑을 위한 첫 스텝으로 스스로를 용서하는 연습을 해봅니다.

먼저 자기비난과 비판을 할 때 몸에서 일어나는 현상을 살펴볼게요.

자기비난을 하다 보면 흔히 창피하고, 부끄럽고, 후회가 되는데, 이렇게 수치심shame이나 죄책감guilt과 같은 부정적인 감정이 생길 때 뇌에서 활성화되는 부분이 편도체입니다. 앞서 살펴본 것처럼, 편도체가 활성되면 이성적인 사고와 토론을 통해 상황을 개선하고 문제를 해결하기는 어려워지고, 투쟁-도피 반응으로 무작정 싸우거나 그 상황을 회피하려 하게 됩니다.

이런 현실적으로 도움이 되지 않는 뇌와 몸의 상태에서 벗어나기 위해서라도 우리는 스스로를 비난하는 것을 멈추고 용서하기 시작해야 합니다. 완전히 용서되지는 않는다고 해도 일단 '내가 그때 그런 마음이었구나. 잘한 것은 아니지만 그때는 그래서 그런 거구나.' 하고 자신을 이해해 봅니다. '당시 미성숙하고 부족한 상황에서 내 나름은 그만큼밖에 할 수 없었구나.' 하는 마음으로 나를 너그러운 시선으로 바라봅니다.

이처럼, 나든 타인이든 용서하고자 하는 과정을 거치게 되면 뇌에서는 전전두피질이 활성화됩니다. 용서해 보려는 마음을 먹는 것 그 자체, 그 상황과 사람을 좀 더 너그러운 마음으로 보고자 하는 과정만으로도 전전두피질이 활성화되고 편도체는 안정됩니다. 좀 더 긍정적인 시각으로 세상과 사람을 보고, 이성적인 생각으로 갈등이나 문제도 해결할 수 있는 평온한 상태가 되는 것입니다. 그러니 용서는 문제 해결과 개선의 첫걸음이기도 한 것입니다.

이 시간에는 자기사랑의 중요한 시작점인 자기용서를 단계별로 연습해 보겠습니다.

자신을 비난하고 자책하는 경우를 크게 나누어 보면 두 가지가 있습니다.

첫 번째, 내 언행으로 타인에게 해나 상처를 주어 나를 용서하기 어려운 경우입니다. 이런 일로 스스로를 탓하고 있는 것이 있나요? 그것을 적어보세요.

평생 남에게 해를 준 적이 없다는 사람이 몇이나 있을까요? 누군가에게 상처 한 번 안 주고 살아온 사람은 거의 없을 것입니다. 편하고 가까운 사이라는 이유로 자녀가 부모에게, 부모가 자녀에게 상처를 주기도 하니까요. 자신에게 솔직해져 봅니다.

두 번째, 남에게 해를 준 것은 없으나, 나의 어리석음을 용서하지 못하는 경우입니다.

가령 사기를 당했다고 해볼까요? 그건 전적으로 사기꾼 잘못인데도, 내가 어리석어서 속았다고 수치스러워하고 자신을 비난하는 경우가 많습니다. 또는 학대나 가스라이팅을 당하는 관계에 있는 분들도 그 상황에 있었던 자신을 자책하는 경우가 많습니다.

나의 어리석음, 부족함을 이유로 자기비난을 한 것이 있다면 다음 페이지에 솔직하게 다 적어보세요. 숨기고 싶었던 부분을 진실되게 적어보았다면, 이제 우리가 할 일은 자책과 자기비난에서 벗어나 자기용서를 하는 것입니다.

💬 내 언행으로 타인에게 해나 상처를 주어 나를 용서하기 어려운 일이 있었다면 적어보세요.

자책과 비난을 떠나보내며: 자기용서

♡ 나의 어리석음이나 부족함을 자책하고 비난하게 되는 일이 있었다면 적어보세요.

자기용서의 3단계

자기용서가 남을 용서하는 것보다 더 어렵다고 하는 분들도 있습니다. 남에게 너그러워도 자신에게는 오히려 더 혹독한 잣대를 대고 비판하게 되는 경우도 있고요. 남에게는 부드럽고 나에게 강한 '외유내강'의 자세를 높게 사는 문화적인 영향도 있는 것 같습니다.

이제 자신을 좀 더 따뜻하고 너그럽게 대하고, 자신을 용서하는 방법을 3단계로 나누어 한 단계씩 연습해 보겠습니다.

자기용서 3단계
자기용서할 때 꼭 기억할 점
1. 완벽에 가까운 기준을 버린다.
2. 과거가 아닌 현재에 집중한다.
3. 나는 배우고 성장한다.

1단계: 완벽에 가까운 기준을 버린다.
다음에 자신의 역할이나 직업을 넣어 되뇌어 봅니다.

세상에 완벽한 사람은 없다.

완벽한 엄마는 없다. 완벽한 아빠는 없다.

완벽한 아내는 없다. 완벽한 남편은 없다.

완벽한 부모는 없다. 완벽한 자식은 없다.

완벽한 상사는 없다. 완벽한 직원은 없다.

완벽한 사람은 없는데, 나는 왜 작은 실수에도 스스로를 자책할까요?

"내가 엄마로서 잘 하지 못했다." 이 말을 잘 생각해보세요. 그 안에는 '나는 좀 더 완벽한 엄마가 돼야지, 이 정도는 잘해내야지.'라는 기대치가 들어 있습니다. 실수도 안 하고, 잘못도 안 하는, 거의 완벽을 요구하는 잘못된 기대치이지요.

잘못이나 실수를 전혀 하지 않고 모든 말과 행동과 판단이 바르고 정확한 사람이 있을까요? 있다면 그것은 바로 신일 것입니다. 이런 사람은 없습니다. 그러니 작은 실수나 잘못에도 나를 과하게 몰아붙이고 자책하는 것이 나에 대한 기대치가 너무 높기 때문은 아닌지 살펴보세요.

늘 이렇게 말하는 것이 좋습니다.

"사람은 누구나 실수와 잘못을 해. 사람이 평생을 살면서 실수 한 번 안 할 수는 없어. 실수와 잘못을 통해 배우고 성장하면 돼."

아이들도 이렇게 가르치는 것이 좋습니다. 엄마가 이런 말을 자주 하면 아이도 이해하고 배워갑니다.

이런 일화가 있습니다. 엄마가 정신없이 청소하다가 음료수가 가득 든 컵을 떨어뜨렸습니다. 청소하는 것도 힘든 와중에, 얼마나 속상하고 짜증이 났겠어요. 그런데 아이가 쪼르르 오더니 "엄마, 괜찮아. 누구나 실수를 하잖아. 걸레로 닦으면 돼."라고 말했다고 합니다. 엄마가 늘 그렇게 말했기 때문에 아이도 엄마에게 그대로 이야기해 준 것입니다.

2단계: 과거가 아닌 현재에 집중한다.

나의 잘못으로 후회하고 자책하는 것은 과거입니까? 현재입니까? 미래입니까?

지나간 일로 자책하는 것은 거의 다 과거이지요. 하지만 내가 강도 높게 자책을 한다고 해서 과거의 일이 나아지지는 않습니다. 앞서 말했듯 단지 편도체가 활성화돼 상황이 더 나빠질 뿐입니다. 그러니까 과거의 실수 혹은 잘못을 통해 앞으로는 더 좋은 판단을 하고 성장하는 법을 배운다고 생각하는 것이 좋습니다.

물론 쉬운 일은 아닙니다. 특히, 부정적인 감정 안에서는 뇌가 이성적이고 논리적인 생각을 하기 어렵습니다. 그렇기 때문에 2번 단계가 '과거가 아닌 현재에 집중한다'입니다. 과거가 아닌 현재에 집중해 보세요. 내가 아이에게 잘못한 게 있으면 계속 자책하기보다 지금 아이를 더 사랑하고 아껴주세요. 후회나 자책은 아무리 열심히 해봤자 현재에 도움 되는 것이 별로 없습니다.

3단계: 나는 배우고 성장한다.

1, 2단계를 연습하는데도 계속 잘못한 일이 떠올라 후회나 자책이 맴돈다면 3단계를 하셔야 합니다. 3단계는 '어떻게 그렇게 바보같이 굴었지?' 등의 자책이 들자마자 '나는 이것을 통해 배우고 성장한다.'라며 능동적으로 생각을 돌리는 거예요. 그리고 스스로에게 다음 두 질문을 하고 대답해 봅니다.

앞에서 썼던 나를 비난하는 일, 나를 용서하기 어려운 일들을 다시 읽어보고 생각해 보세요.

내가 여기서 배우는 것은 무엇인가?
(What can I learn from it?)

내가 여기서 어떻게 성장할 수 있을까?

(How can I grow from here?)

자책하는 마음이 들 때마다 내가 여기에서 무엇을 배우고 어떻게 성장할 수 있는지에만 집중합니다. 과거가 아닌 현재와 미래에 어떻게 할 것인가에만 집중해 봅니다.

어떤 분이 자신은 실수가 많은 편인데, 그것 때문에 배우자가 볼 때마다 타박을 해서 스트레스가 심하다고 털어놓은 적이 있습니다.

저도 그렇습니다. 저는 실수투성이로 평생을 살다 보니 제 실수에 관대한 편이에요. 그런데, 남편은 꼼꼼한 성격으로 실수를 거의 안 하는 사람이라 제가 실수하고 "그럴 수도 있지." 하는 걸 아주 싫어하더라고요. "더 열심히 준비해서 실수가 없도록 해야지." 하면서요. 완벽에 가까운 기준을 자신뿐만 아니라 저에게도 요구하는 거였죠. (저의 부모님이 저를 기르면서 이런 기준을 요구하지 않은 것이 한없이 감사할 따름입니다!) 이런 문제로 신혼 시절에는 많이 싸우기도 했습니다. 남편에게 "의도하지 않은 실수에 자꾸 심한 타박을 하면 마음이 힘들다."고 여러 번 솔직하게 이야기를 했지요.

그렇게 티격태격 8년이라는 세월이 흘렀습니다. 이제

는 남편이 내가 일부러 실수를 하는 것이 아니라는 것도 알고, 실수투성이 와이프의 좋은 면을 더 보면서 그 모습 그대로 받아들이기로 한 것 같아요. 서로를 존중하면서 계속 대화를 하면 언젠가는 그 모습을 수용하고, 이에 대해 조금은 내려놓게 되더라고요. 결국, 서로 부족함을 이해해 주고 함께 보듬어 주며 살아가는 게 부부로서 잘 사는 길이니까요.

자기자비

책의 시작 부분에 알려드린 자기사랑의 주요 구성 요소 기억나시나요?

자기자비, 자기수용, 자기존중, 자기돌봄이 있었죠. 위에서 연습한 자기용서는 자기자비의 한 모양입니다. 여기서 자기자비를 좀 더 알아보겠습니다.

여러분의 가족이나 가까운 친구들을 떠올려 보세요. 내가 힘들 때 특히나 더 너그럽고 따뜻하고 다정한 사람이 있나요? 내가 그런 사람이 되어주는 친구(가족)가 있나요? 이런 친구(가족) 하나 있으면 세상이 훨씬 더 살맛나고, 어려울 때도 든든하겠죠? 이런 든든한 친구를 내 안에서 찾을 수 있다면 어떨까요? 힘들 때 자신을 더 이해해 주고, 너그럽고 따뜻하게 대해주는 마음 자세가 바로 자기자비입니다('self-compassion'은 한국어로 '자기연민'으로 번역하기도 하는데, 저는 '자기자비'가 더 잘 맞는 번역이라고 생각합니다*. 자기연민은 'self-pity'와 비슷한, 자신을 희생자로 여겨 불쌍하게 생각하는 마음으로 '자기연민에 빠지다' 같은 표현으로 쓰이기도 하지요).

자기자비 연구의 선구자로 불리는 교육심리학 교수 크리스틴 네프 박사는 힘든 상황에서 필요한 자기자비의 자세에 크게 세 가지 요소가 있다고 밝혔습니다.

1. 자기비판이 아닌, 자기친절
   (Self-Kindness vs. Self-Judgment)
2. 혼자만의 경험이 아닌, 보편적 인간성
   (Common Humanity vs. Isolation)

---

* 『한국심리학회지: 건강 Academic journal』, 2023.3, 279 - 298p

3. 과도한 집착이 아닌, 알아차림

(Mindfulness vs. Over-Identification)

우리가 연습한 자기용서의 3단계에 이 요소들이 들어 있다는 걸 아시겠죠?

"세상에 완벽한 사람은 없다."에 바로 보편적 인간성과 자기친절이 곁들어 있습니다. "과거가 아닌 현재에 집중한다."와 앞서 배운 감정을 구름처럼 떠나보내는 연습에는 과도한 집착이 아닌 알아차림의 자세가 곁들어 있습니다.

아래 자기자비 척도 문항을 한번 살펴보세요. 자신이 스스로에게 얼마나 따뜻하고 다정한 친구인지, 아니면 그렇지 않은지 알아볼 수 있을 거예요.

문장*을 잘 읽고 문장에서 나온 것처럼 나를 대하는 빈도에 동그라미 쳐보세요.

---

* Raes, F., Pommier, E., Neff, K. D., & Van Gucht, D. (2011). Construction and factorial validation of a short form of the Self-Compassion Scale. Clinical Psychology & Psychotherapy. 18, 250-255 에서 번역 및 응용

문항	거의 그렇지 않다	조금 그렇다	웬만큼 그렇다	자주 그렇다	거의 항상 그렇다
1. 나는 중요한 어떤 일에서 실패를 하면, 내 능력이 부족하다는 느낌에 사로잡힌다.	5	4	3	2	1
2. 나는 내 성격 중에서 마음에 들지 않는 부분에 대해 이해하고 참아주려고 한다.	1	2	3	4	5
3. 나는 뭔가 고통스러운 일이 생기면 그 상황에 대해 균형 잡힌 시각을 가지려고 노력한다.	1	2	3	4	5
4. 나는 기분이 처져 있을 때, 대부분의 다른 사람들은 나보다 더 행복할 거라고 느껴지는 경향이 있다.	5	4	3	2	1
5. 나는 내가 겪은 실패들을 볼 때, 사람이라면 누구나 겪을 수 있는 일(실패)로 보려고 노력한다.	1	2	3	4	5
6. 나는 내가 매우 힘든 시기를 겪고 있을 때, 나에게 필요한 따뜻함과 위해주는 마음으로 스스로를 대한다.	1	2	3	4	5
7. 나는 어떤 일 때문에 마음이 상할 때, 감정의 평정을 유지하려고 노력한다.	1	2	3	4	5
8. 나는 중요한 어떤 일에 실패하면 그 실패 속에서 혼자가 된 것처럼 느끼는 경향이 있다.	5	4	3	2	1
9. 나는 기분이 처질 때면 잘못된 모든 일을 강박적으로 떠올리며 그에 집착하는 경향이 있다.	5	4	3	2	1

자책과 비난을 떠나보내며: 자기용서

10. 나는 나 자신이 뭔가 부족하다고 느낄 때, 그런 부족감은 대부분 사람들이 공통적으로 느낀다는 점을 상기하려고 노력한다.	1	2	3	4	5
11. 나는 내 자신의 결점과 부족한 부분을 못마땅하게 여기고 비난하는 편이다.	5	4	3	2	1
12. 나는 내 성격 중에서 마음에 들지 않는 면을 견디거나 참는 것이 어렵다.	5	4	3	2	1

동그라미 친 모든 점수를 더한 것이 총 점수입니다. 여러분의 자기자비 점수는 현재 얼마인가요?

총합 가능 점수는 12점에서 60점까지 있습니다. 합계가 30점 미만이면 자기자비가 낮은 편이라고 볼 수 있고, 42점 이상이면 높은 편이라고 볼 수 있으며, 그 사이는 중간 정도라고 보면 됩니다(이 수치는 참고용이고, 정확한 통계 조사가 된 것은 아닙니다).

다음에 배울 자존감self-esteem도 마음건강에 매우 중요하지만, 자존감은 자기효용감(내가 잘하고 있다, 또는 잘할 수 있다는 느낌)이 한 요소로 작용하기 때문에 타인과의 비교에 좀 더 민감합니다. 그래서, 어려운 상황에 처해 있을 때에는 자신을 따뜻하고 다정하게 이해하고 보듬어 주는 자기자비의 자세가 정신건강과 심신의 안녕에 큰 힘이 됩니다. 그러다 보니, 자기자비가 높은 사람일수록 삶의 만족도와 행복도가 높다는 연구 결과가 많이 있습니다.

이 책 곳곳에 나오는 자기자비의 요소를 배우고 연습하면서 힘들 때일수록 자신에게 다정한 친구가 되어주는 자기자비가 넘치는 사람이 되기를 바랍니다.

이제 호흡과 명상으로 마무리해 봅니다.

호흡과 명상

자기사랑의 시작, 용서 명상

호흡에 집중하다 보면 자율신경계의 부교감신경이 올라가고, 교감신경이 떨어지면서 몸이 편안한 상태가 됩니다.

코로 시원한 공기가 들어오는 것을 느끼며 천천히 숨을 마셔보세요. 비강과 목, 가슴을 지나 배까지 내려가는, 산소가 가득 담긴 신선한 공기를 느끼는 것입니다.

다시 천천히 내쉬면서 숨을 들이쉴 때 부풀었던 배가 들어가고, 가슴도 내려가고, 입으로 이산화탄소를 실은 공기가 나가는 것을 느껴보세요. 이렇게 천천히 여러 번 호흡해 보세요.

이제 따뜻한 빛을 상상합니다. 하얀색, 혹은 노란빛일 수도 있습니다. 따뜻한 빛이 나를 감쌉니다.

호흡할 때 그 따뜻한 기운이 코로 들어옵니다. 공기를 따라 온몸에 퍼집니다. 그런 다음, 후 하고 내쉴 때는 불편한 기운을 내보냅니다. 다시 들이마실 때는 따뜻하게 감싸며 사랑하고 이해해 주는 그 빛을 마십니다. 나갈 때는 마음속의 괴로움과 죄책감을 내보냅니다.

들이마시면서 따뜻한 사랑과 이해의 빛을 몸 곳곳에 보냅니다.

이제는 나의 잘못을 한번 생각해 봅니다. '부모로서, 혹은 자녀로서 그러면 안 됐어', '내가 그 사람에게 모진 말을 해서 얼마나 상처받았을까?' 용서하고 싶은 잘못을 한번 생각해 봅니다.

여기에서 중요한 게 있습니다. 잘못을 인정하는 겁니다. 그때 내가 그 사람한테 상처를 줬다. 내가 잘못했다. 내가 부족했다……. 인정합니다. 그리고 오늘 배운 자기 용서를 합니다.

완벽한 엄마는 없어. 완벽한 자식은 없어. 완벽한 선생은 없어. 완벽한 학생은 없어. 완벽한 직원은 없어. 완벽한 며느리는 없어.

우리는 다 실수하고 부족함이 있을 수 있어.

따뜻한 마음으로 나를 이해해 줍니다.

나도 나름 열심히 했는데 부족한 게 있었어.

내가 잘못해서 상처를 준 사람에게는 미안하다, 잘못

했다고 용서를 구하고 나는 내가 용서해 줍니다.

나를 용서하는 것은 나의 죄를 내가 사하는 것이라기보다 나를 괴롭히는 자책과 비난으로부터 나를 자유롭게 하는 것입니다. 과거로부터 자유로워져야 현재의 내 삶을 더 잘 살아갈 수 있으니까요.

이제 다시 따뜻한 빛처럼 용서하는 마음으로 자신을 한번 보듬어 주고, 현재로 돌아와 내 호흡을 알아차립니다. 자기 페이스대로 호흡을 몇 번 더 하다가, 준비가 되면 눈을 뜹니다.

2주 차에서는 나를 사랑하는 데 큰 걸림돌이 되었던 자책과 비난을 떠나보내는 자기용서를 배우고 연습했습니다. 내가 세상에서 가장 이해하고 사랑해 줘야 할 사람, '나'를 따뜻한 마음으로 용서해 주세요. 용서는 특히 한 번에 완벽하게 되기 어려워요.

다시 자책의 마음이 생길 때마다 앞에서 배운 3단계를 반복해 연습해 보세요. 점점 마음이 홀가분해지고, 자유로워지면서 자신을 사랑하는 걸음도 가벼워질 거예요.

2주 차, 자책과 비난을 떠나보내며: 자기용서

1일	년 월 일 요일

오늘의 감정 .... 스트레스 레벨 ....

오늘 감사한 것 세 가지

1.
2.
3.

보편적 인간성을 떠올리며 다음 제시문에 자신의 상황이나 역할을 바꾸어 넣어 필사해 보세요.

세상에 완벽한 .... 는(은) 없다.

사람은 원래 실수를 하면서 배우는 거야.

2일	년 월 일 요일

오늘의 감정 .... 스트레스 레벨 ....

오늘 감사한 것 세 가지

1.
....
2.
....
3.
....

과거에 대한 집착을 멈추고, 현재를 알아차리고 지금에 집중하는 마음으로 2주 차 '호흡과 명상'을 한 후 필사합니다.

> 나는 과거가 아닌 현재에 집중한다.
> I focus on the present, not the past.

....
....
....

> 나는 지금 여기를 선택한다.
> I choose the here and now.

....
....
....

| 3일 | 년 월 일 요일 |

오늘의 감정   스트레스 레벨

오늘 감사한 것 세 가지

1.

2.

3.

나는 부족하고 잘 못하는 것도 있습니다. 하지만 우리는 다 성공하려고 이 세상을 살아가는 것이 아닙니다. 그저 배우고 성장해 나가면 잘하고 있는 것입니다.
조앤 치티스터 수녀님이 한 다음 말씀을 필사해 봅니다.

　우리는 이기려고 세상에 난 것이 아니라, 성장하려고 난 것이다. We are not here to win. We are here to grow.

자책과 비난을 떠나보내며: 자기용서

| 4일 | 년　　월　　일　요일 |

오늘의 감정　　　　　　스트레스 레벨

오늘 감사한 것 세 가지

1.

2.

3.

내가 잘 못하고 실수하는 것들은 살아가는 동안 계속 있을 것입니다. 그때마다 떠올리기 위해 필사하면서 연습해 봅니다.

　내가 여기서 배울 수 있는 것은 무엇인가?
　What can I learn from it?

　나는 여기서 어떻게 성장할 것인가?
　How can I grow from here?

5일	년　　월　　일　　요일

오늘의 감정 ....　　스트레스 레벨 ....

오늘 감사한 것 세 가지

1.
....

2.
....

3.

누구나 실수와 잘못을 할 때가 있습니다. 여러분의 자리에서, 주어진 여건에서 이 정도 하고 있으면 잘하고 있는 것입니다. 스스로를 격려하면서 써보세요.

　너는 잘하고 있어. 너, 이 여건에서 이 정도면 잘하고 있는 거야. You are doing good.

....

....

....

　앞으로 계속 배우고 성장하면 돼.
I will learn and grow from here.

....

....

....

자책과 비난을 떠나보내며: 자기용서

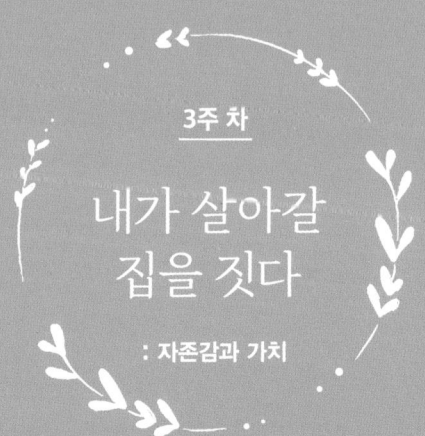

3주 차

내가 살아갈 집을 짓다

: 자존감과 가치

자기사랑의 과정에서 나를 잘 알아가는 시간은 중요합니다. 오늘은 '나'라는 사람의 큰 기반이 되는 나의 자존감을 살펴보겠습니다.

자존감은 자신이 얼마나 가치 있고, 존중받을 만한지에 대한 신념과 태도입니다. 내가 스스로를 얼마나 존중하는지, 얼마나 귀하게 여기는지, 얼마나 자랑스럽게 여기는지를 떠올려 보세요.

나의 자존감은 어느 정도일까요? 계단으로 형상화된 이미지에 나의 자존감 레벨을 표시해 보세요. 1은 자존감이 아주 바닥인 것이고, 10으로 올라갈수록 자존감이 높은 것입니다. 너무 오래 고민하기보다 먼저 생각나는 대로 체크해 보세요.

이번 주 나를 다시 한번 돌아보며 나의 자존감 레벨을 좀 더 세밀히 확인할 것입니다.

계단에 있는 내 자존감 레벨을 표시해 보세요

자존감은 사회적으로 큰 화두가 되었지만, 그 의미는 조금씩 다르게 사용되기도 합니다. 여기서 심리학적인 관점에서 자존감을 알아보겠습니다. 자존감은 크게 자기수용self-acceptance, 자기효용self-efficacy, 자기존중self-repect의 세 가지 요소로 나누어 살펴볼 수 있습니다.

자기수용

자기수용은 자신의 장점과 단점, 강점과 약점을 있는 그대로 받아들이는 것을 의미합니다. 나 자신이 마음에 들지 않아 이대로 받아들이기가 힘들다면 그것은 자기수용이 부족한 것입니다. 내가 더 예뻐지고, 더 날씬해지고, 더 능력 있어져야 받아들이는 것이 아니라 '나는 나를 그대로 받아들인다', '나는 이 정도면 꽤 괜찮다.'고 느끼는 것이 자기수용입니다. 이 책과 함께하는 동안 내 모습 그대로를 비판하지 않으며 사랑으로 받아들이게 되길 바랍니다.

자기효용

 '나는 할 수 있는 사람이다(I am capable)', '나는 이것을 다룰 수 있다(I can handle it).'처럼 나의 능력과 쓸모를 느끼는 것이 자기효용입니다. 자신의 능력, 자질 등이 어떤 일을 달성하는 데 얼마나 유용한지를 스스로 평가하는 것이지요.

 이제 막 사회생활을 시작하는 청년들이나 직장을 가지지 않은 전업주부의 경우 이 부분이 약해질 수가 있습니다. 또 소위 말하는 '일잘러(일을 잘하는 사람)'가 아닌 사람들도 자기효용감이 떨어질 수 있습니다. 저는 실수를 빈번히 하는 사람이기 때문에, 일반적인 환경이었다면 야단과 꾸중을 많이 들었을 거예요. 그랬다면 자기효용감이 떨어져 자존감이 낮았을 수도 있을 것입니다. 다행히 저희 가족은 다들 실수가 많았던 터라 이 때문에 비난을 많이 받아서 자존감이 깎일 일은 별로 없었습니다.

 우리 사회에서는 특히 자기효용감이 자존감에 과도하게 큰 영향을 끼치는 것 같습니다. 내가 소용이 있고,

쓸모가 있어야만 존중받을 만한 가치가 있다고 생각하는 것이지요. 그래서 저는 자존감을 말할 때 자기효용감을 강조하지 않는 편입니다. 우리에게는 오히려 앞서 말한 자기자비의 자세가 더 필요하다고 생각하기 때문입니다. 부족하게 느껴지는 자기효용감에 얽매여 낮은 자존감으로 힘들어하기보다 나를 다정하고 따뜻하게 대하고 그 모습 그대로 수용하고 존중하는 것부터 단단히 밟아갈 것을 권합니다.

그리고, 이 책의 마지막 부분에서 이 세상에 기여하는 나의 '역할과 쓸모'란 어떤 것인지에 대해서 더 깊이 배우겠습니다. 그 후에는 더 건강한 자기효용감과 자존감을 갖게 되기를 바랍니다.

자기존중

자기 자신을 존중하고 자신의 가치를 인정하는 것이 자기존중입니다. 저의 책 『코어 마인드』에도 언급돼 있는 '몸값 요법'과도 통하는 개념입니다. 아무리 높은 사람이나 어려운 사람이 있어도 그 사람과 나의 가치에 차이를 두지 않는 겁니다. 내 몸값이 금 백 돈이라면 그 누구도 백 돈보다 높을 수 없습니다. 나 역시 남만큼 중요한 사람이며, 나 자신에게는 내가 가장 소중합니다.

나는 존재만으로 가치 있는 사람이고, 존중받아야 하는 사람이라는 걸 깨닫는 것입니다.

다음은 자존감 연구에 주로 사용되는 '로젠버그 자존감 척도[*]'를 응용하여 만든 자존감 측정 설문입니다.

자기수용, 자기효용, 자기존중의 문항이 들어 있습니다. 모든 문항을 신중히 읽고 체크한 후 숫자를 합한 것이 최종 점수입니다.

---

[*] Rosenberg, M. (1965). Society and the adolescent self-image. Princeton, NJ: Princeton University Press.

문항	매우 그렇다	그렇다	그렇지 않다	매우 그렇지 않다
1. 나는 대체로 '나'라는 사람에 대해서 만족한다.	4	3	2	1
2. 내가 가치가 없는 사람이라는 생각이 가끔 든다.	1	2	3	4
3. 나에게는 좋은 부분이 꽤 있다.	4	3	2	1
4. 나는 다른 사람이 하는 정도로 잘할 수는 있다.	4	3	2	1
5. 나에게는 별로 자랑스러워할 것들이 없다.	1	2	3	4
6. 내가 쓸모없는 사람이라는 생각이 가끔 든다.	1	2	3	4
7. 나는 가치 있는 사람이라고 생각한다.	4	3	2	1
8. 내가 스스로를 더 존중해 주면 좋겠다는 바람이 있다.	1	2	3	4
9. 전반적으로 나는 실패자란 생각이 든다.	1	2	3	4
10. 나는 나 자신에 대해 긍정적인 태도를 가지고 있다.	4	3	2	1

로젠버그 자존감 척도 (10~40)

10~25: 낮은 정도의 자존감
26~29: 중간 정도의 자존감
30~40: 높은 정도의 자존감

종합 가능 점수는 10점에서 40점까지입니다. 나의 자존감 척도 총 점수가 어떻게 나왔나요?

낮은 점수가 나왔다 하더라도 위축될 필요는 없습니다. 점수가 낮으면 올라갈 일만 남은 것이지요.

이제 위에서 체크했던 자존감 계단 레벨을 다시 확인해 봅시다. 1~4를 낮은 단계, 5~6을 중간 단계, 7~10을 높은 단계라고 가정했을 때 비슷한 결과가 나왔나요?

자존감이 무엇인지 잘 알고 있는 분들은 대부분 두 결과가 비슷한 수준으로 나옵니다. 반대로 자존감이 어떤 개념인지 잘 몰랐다면 결과가 다르게 나올 수도 있겠지요.

나한테 좋은 부분이 꽤 있다고 생각하는 것이 자존감의 한 요인이구나, 내게 자랑스러워할 것들이 없다고 생각하는 게 자존감이 낮은 거구나, 나를 존중하지 않는 것이 자존감이 낮은 거구나. 하나씩 깨달아 가면 됩니다.

자존감은 내 삶을 지어가는 데 중요한 기반과 같습니다. 땅을 고르고 철근을 세우고 콘크리트를 깔아 그 위에 집을 짓듯, 단단하게 다진 자존감 위에 내 삶의 집을 짓는 것이지요.

기반을 튼튼히 다졌다면, 다음으로 집을 지을 때 중요한 것이 있습니다. 바로 튼튼한 기둥을 세우는 겁니다. 살아가면서 갖가지 상황에 흔들리지 않고 나를 받쳐줄 기둥이 바로 삶의 가치입니다. 내가 살아가면서 중요하게 생각하는 핵심 가치들이 폭풍이 휘몰아 오더라도 넘어지지 않게 나를 붙들어 주는 든든한 버팀목입니다.

한국 사회에서는 '내가 중요하게 여기는 핵심 가치는 뭐지?'라는 질문을 잘 생각하지 않습니다. 큰 회사에서는 종종 기업 핵심 가치를 적어놓긴 하지만, 우리는 전반적으로 가치에 큰 의미를 두지 않는 듯합니다.

핵심 가치 리스트

진정성 성취 모험 권위 자율성 균형 아름다움
용기 공감력 도전 정신 시민정신 공동체 정신
역량 기여 독창성 호기심 결단력 공정성 믿음
명성 우정 재미 성장 행복 정직 유머
의미 있는 일 내면의 조화 전이 친절 지식 리더십
배움 사랑 존중 충성도 영향력 개방성 긍정성
평화 즐거움 평정심 인기 인정 종교
평판 존경 책임 안위 자존감 영성 봉사 지혜
안정성 성공 지위 신뢰성 부

위의 핵심 가치 리스트*를 보고, 내가 중요하게 생각하는 가치에 모두 동그라미를 표시해 보세요. 해당되는 것에 모두 표시한 뒤, 그중에서 가장 중요한 핵심 가치를 다섯 개 정도 골라보세요.

---

* https://jamesclear.com/core-values에서 응용

중요 순위대로 핵심 가치 5개를 뽑아 그림의 기둥 안에 적어보세요.

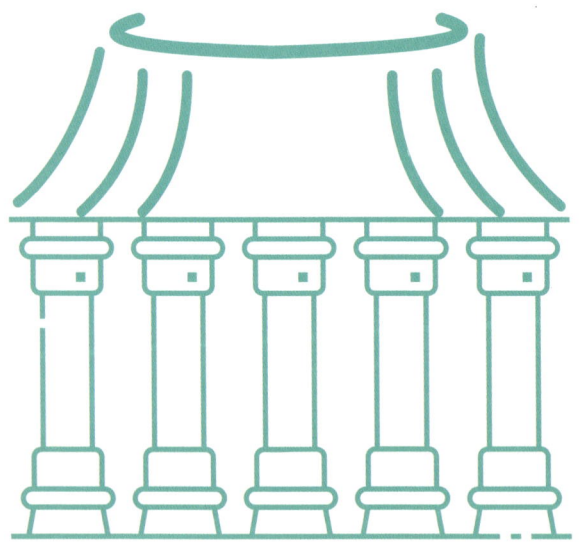

위 그림에서 땅을 다진 기반이 자존감이었다면 기둥은 나의 삶을 받쳐줄 핵심 가치입니다. 내 삶의 집을 짓는다는 느낌으로 지붕에 자신의 이름을 적고 다섯 개의 기둥에 내가 고른 가치를 적어보세요. 자율성, 신뢰, 기여, 성장, 사랑 등…….

내가 살아갈 집을 짓다: 자존감과 가치

세상을 살아갈 때 가치가 왜 중요할까요?

흔히 말하는 백세 시대, 우리는 100년을 살아가야 합니다. 100년 동안 견딜 수 있는 집을 짓고 살아야 하는 거지요. 그런데 삶에서 피할 수 없이 항상 마주치는 것이 바로 갈등과 선택입니다. 작은 사안부터 큰 것까지 수도 없이 선택의 기회를 마주하며 어떤 방향으로 나아갈지는 결정해야 합니다. 이것은 누구도 대신해 줄 수 없고 온전히 내가 해야 하는 것입니다.

그때 이 기둥을 떠올리면 삶의 중요한 기준과 방향을 결정하기가 수월해집니다. '나에게 중요한 건 신뢰였어, 나에게 중요한 건 사랑이었어.' 하며 선택과 결정에 지표가 되어주는 것이지요.

마지막으로 내가 고른 다섯 개의 핵심 가치를 선택한 이유를 적어보세요.

1.

2.

3.

4.

5.

내가 살아갈 집을 짓다: 자존감과 가치

안타깝게도 지금까지 내 삶의 기둥이 무엇인지 고민해 볼 기회가 많이 없었습니다. 이번 활동을 통해 내게 가장 중요한 가치는 무엇인지 꼭 한번 생각해 보기를 바랍니다.

이런 핵심 가치들은 오랜 기간 같을 수도 있지만, 또 삶을 살아가면서 우선순위가 바뀌기도 합니다. '성장'이 매우 중요한 핵심 가치였다가 '안정성'이 더 큰 가치가 되기도 하고, '부'가 큰 가치였다가 '공동체 정신'이 더 큰 가치가 되기도 하는 것처럼 말이죠.

호흡과 명상

나의 내면을 단단하게, 자존감 명상

이제 편안한 자세로 앉거나 누워서 조용히 내 호흡을 알아차려 봅니다. 날숨에 들어오는 신선한 공기, 들숨에 나가는 좀 더 따뜻한 공기를 느껴보세요.

준비가 되면 눈을 감아봅니다. 감지 않고 시선을 편안하게 내리는 것도 괜찮습니다.

내 앞에 좋은 땅이 펼쳐져 있다고 상상을 해보세요. 볕이 따뜻하게 내리쬐는 언덕에 산들바람이 붑니다. 한쪽에는 산이 보이고 한쪽에는 호수가 보이는 아름다운 땅, 바로 내 삶의 집을 지을 땅입니다.

가장 먼저 해야 할 일은 땅을 고르고, 땅을 판 뒤 콘크리트나 철근으로 기반을 다지는 것입니다. 그것이 바로 나의 자존감입니다.

"나는 이 정도면 괜찮다, 나는 사랑받을 만한 사람이다." 자기수용을 되새기며 나를 보듬어 안아주세요.

"나는 쓸모 있는 사람이다, 나는 기여하는 사람이다,

난 이 정도는 할 수 있는 사람이다."

부족하게 보일지 모르지만, 우리 모두 우리의 자리에서 나의 몫을 하고 있답니다. 자기효용감을 느껴봅니다.

마지막으로 "나는 가치 있는 사람이야." 말해주며 나는 존재만으로도 존중받을 사람이라는 것을 되새깁니다. 이렇게 내 삶의 기반인 자존감을 단단히 다져주세요. 그래야 살아가면서 어떤 어려움이 와도 기반이 꺼져버리거나 무너지지 않습니다.

기초 공사를 단단하게 했으면 그 위에 내 삶을 지탱해줄 기둥을 세워야 될 때입니다. 내가 제일 좋아하는 모양으로 기둥을 하나하나 세워봅니다.

나는 신뢰가 중요한 사람, 나는 사랑이 중요한 사람, 나는 성장이 중요한 사람…… 핵심 가치는 사람마다 모두 다릅니다. 이것을 바탕으로 방향을 잡고 결정을 내릴 수 있습니다.

그다음에는 또 내가 제일 좋아하는 모양으로 기둥 사

이 벽을 지어봅니다. 나를 보호해 주는 벽입니다. 살다 보면 벽을 세워야 하고 선을 그어야 될 때가 있습니다. 나를 존중해 주고 보호하기 위해서 나의 경계 boundaries 를 만들어 둡니다.

마지막으로 '자기사랑'이라는 지붕을 얹습니다. 나를 사랑하고 이해하고 받아들여 주는 자기자비가 가득한 지붕입니다. 이 지붕은 삶에서 어떤 비보라와 폭풍이 와도 따뜻하고 안전하게 나를 덮어주고 지켜줄 것입니다.

이제 밖으로 나와서 좋은 땅에 지은 내 삶의 집을 한 번 보세요. 단단한 자존감을 기반으로 해서, 내게 중요한 가치의 기둥들로 지탱하며, 나를 존중하고 보호해 주는 벽으로 둘러싸인, 자기사랑과 자기자비로 지붕을 덮어주고 있는 나의 집입니다.

내가 여기까지 오도록 지탱해 준 나의 자존감과 가치들에게 고마운 마음을 표현해 보세요.

살아가면서 이 구성 요소들은 조금씩 바뀔 수도 있

습니다. 그러나 그 단단함과 따뜻함은 항상 나를 존중하고 보듬어 주고 사랑하며, 내가 삶을 잘 살아갈 수 있도록 지탱해 줄 것입니다.

다시 호흡으로 돌아와 자신의 페이스대로 호흡합니다.
준비가 되면 서서히 눈을 떠봅니다. 오늘 지은 이 집이 여러분이 앞으로 살아가는 동안 언제든지 돌아와 쉴 수 있는 포근하고 든든한 보금자리가 되어주기를 바랍니다.

3주 차, 내가 살아갈 집을 짓다: 자존감과 가치

1일	년　　　월　　　일　　　요일

오늘의 감정　　　　　　스트레스 레벨

오늘 감사한 것 세 가지

1.

2.

3.

자존감의 요소를 크게 세 가지로 나누어 보면 어떤 것들이 있습니까?

　　　　　　　　　1 2 3 4 5 6 7 8 9 10

　　　　　　　　　1 2 3 4 5 6 7 8 9 10

　　　　　　　　　1 2 3 4 5 6 7 8 9 10

나는 그 각각을 어느 정도 갖고 있는 것 같나요? 1을 매우 낮음, 10을 매우 높음으로 생각하며 위 숫자에 표시해 보세요. (낮은 숫자가 나왔다면 앞으로 더 채워가면 되니까 염려 마세요. 스스로를 알아가는 것 자체가 중요한 과정입니다.)

왜 위와 같은 점수를 매겼는지 예가 있으면 적어보세요.

| 2일 | 년　　월　　일　요일 |

오늘의 감정 ....　　스트레스 레벨 ....

오늘 감사한 것 세 가지

1.
2.
3.

자존감의 요소들을 생각하며 필사해 보세요.

　나는 나를 받아들인다. I accept myself.

　나는 할 수 있는 능력이 있는 사람이다. I'm capable.

　나는 이 상황을 잘 다룰 수 있다. I can handle it.

　나는 나를 존중한다. I respect myself.

3일	년　　　월　　　일　　요일

오늘의 감정　　　　　　　스트레스 레벨

오늘 감사한 것 세 가지

1.
2.
3.

내가 뽑은 5가지 핵심 가치는 무엇이었나요?

일상에서 위의 가치가 어떻게 가이드해 주었는지 생각해 보고 적어보세요.

예) 책임감: 피곤하고 지쳤지만, 이번 주까지 해야 하는 과제를 다 마칠 때까지는 외출을 하지 않았다.

예) 존중: 간섭이 많은 시어머니 때문에 스트레스를 받았지만 어머니를 존중하는 태도로 대했다. 또 나를 존중하기 위해서 "집에 올 때 미리연락을 주시면 제가 청소도 더 하고 준비도 해놓을 수 있으니 좋을 것 같다."라고 말씀드렸다.

내가 살아갈 집을 짓다: 자존감과 가치

| 4일 | 년　　　월　　　일　　요일 |

오늘의 감정　　　　　　　스트레스 레벨

오늘 감사한 것 세 가지

1.
2.
3.

핵심 가치들은 내가 살아갈 때, 특히 흔들릴 만한 일이 있을 때 든든한 길잡이기 되어줍니다. 내 자녀에게 가르치고 싶은 가치는 어떤 것입니까? 자녀가 없다면, 우리 사회와 우리 다음 세대가 더 중요시하기를 바라는 가치는 무엇인가요?
(앞의 핵심 가치 리스트를 참고하거나, 거기 없는 것을 새롭게 써도 됩니다.)

선택한 가치를 써보고, 그 아래에 선택한 이유를 써봅니다.

　　　　　　　　　　　1 2 3 4 5 6 7 8 9 10

　　　　　　　　　　　1 2 3 4 5 6 7 8 9 10

　　　　　　　　　　　1 2 3 4 5 6 7 8 9 10

나는 위의 가치를 잘 가르치고 본이 되고 있나요? 생각해 보고, 1~10 중 점수를 매겨봅니다.

* 1 매우 못하고 있다, 10 매우 잘하고 있다

걱정 마세요. 자신을 알아가는 것이 성장과 변화의 첫걸음이니까요.

5일	년 월 일 요일

오늘의 감정 .... 스트레스 레벨 ....

오늘 감사한 것 세 가지

1.
2.
3.

자기자비 척도에 나온 문항 중에 내가 가장 낮은 점수를 매긴 문항은 어떤 것이고, 점수는 몇 점이었나요?

	1 2 3 4 5 6 7 8 9 10
	1 2 3 4 5 6 7 8 9 10
	1 2 3 4 5 6 7 8 9 10
	1 2 3 4 5 6 7 8 9 10

위 문항들과 관련해서 나는 어떤 사람이 되고 싶은지 적어봅니다.

예) 나는 중요한 잘못을 했을 때 "사람들은 다 실수를 해. 여기서 배우고 성장하면 돼."라고 말해준다.

내가 살아갈 집을 짓다: 자존감과 가치

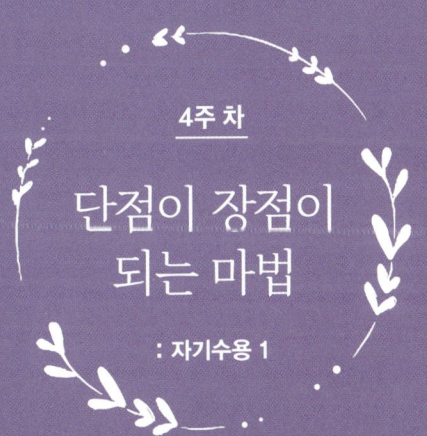

4주 차

단점이 장점이 되는 마법

: 자기수용 1

우리가 누군가를 점점 좋아하게 될 때를 떠올려 보세요. '이 사람의 이런 부분이 참 좋네.' 하는 과정이 있지요.

저의 경우로 예를 들면, 남편과 데이트할 때였어요. 한국 음식점에 갔는데 줄이 길어서 예약을 기다리는 동안 옆에 있는 빵집에 구경을 갔습니다. 오랜만에 본 한국 빵을 신나게 구경하고 있던 저에게 남편이 빵을 고르라는 거예요. "밥 먹을 건데 뭐 하러 빵을 골라?" 하니까 "먹고 싶은 거 사줄 테니, 내일 집에 가서 공부하다가 먹어." 하는 거예요. 그때 그 사람의 배려와 친절이 큰 장점으로 와닿았지요. 결혼 후에도 제 밥 하나는 정말 잘 먹여주는 남편이랍니다.

반대로 사람을 알아가다 보면 싫은 점도 보일 것입니다. 남편 같은 경우에는 생각을 하는 데 오래 걸려서 질문을 던지면 대답이 매우 느리게 나와요. 성질 급한 저는 심히 갑갑하지요. 속이 터질 때도 많습니다.

사람을 사귈 때 알아가는 과정을 거치듯이 나를 알아가고 좋아하게 되는 과정도 그렇습니다. '나는 이런 점이 참 좋네, 나에겐 이런 단점이 있기도 하지.' 하며 나를 좀 더 알아가는 시간이 필요합니다.

내가 생각하는 나의 단점을 적어보세요.

우리 사회에서 자신의 단점을 적으라고 하면 대체로 주저 없이 줄줄 적어나갑니다. 자기표현을 못해서 화나는 것, 슬픈 것, 속상한 것을 꾹꾹 참아놓고 남들이 알아주지 못하는 것에 서운해진다는 분도 많습니다. 반면에 감정 기복이 심해서 자기 컨트롤을 잘 못하는 것이 문제라는 분도 있습니다. 저처럼 나쁜 기억력이 문제일 수도 있고, 집중력이 약한 것, 기록을 잘 못하는 것, 체력이 너무 약한 것, 잔소리가 많은 것 등등 여러 가지가 있을 수 있겠지요.

　이번에는 나의 장점을 적어봅니다. 일단 스스로 곰곰이 고민해서 솔직하게 적어보고, 잘 모르겠다면 가족이나 친구에게 물어봐도 좋습니다. 온 가족이 함께하며 서로 장점을 말해준다면 더욱 좋겠지요.

　배려가 많다, 공감 능력이 높다, 음식을 잘한다, 체력이 좋다, 일 처리가 꼼꼼하다, 타인의 이야기를 잘 들어준다, 긍정적이고 밝다, 메모를 잘한다, 성실하다, 주저앉고 싶어도 참고 계속한다, 정리정돈을 잘한다…….

　무엇이든 좋으니 솔직하게 쓰세요. 누군가에게 자랑하고 싶었던 나의 장점을 마음껏 펼쳐놓아도 괜찮습니다.

💬 내가 생각하는 나의 장점을 적어보세요.

나의 복은 무엇이 있을까요?

___

단점이 장점이 되는 마법: 자기수용 1

그다음 단계는 내가 받은 복이 무엇인지 떠올려 보는 것입니다.

복이란 무엇일까요? 몇 가지 예를 들어보겠습니다. 사랑이 많고 따뜻한 사람들에게는 똑같이 사랑이 많은 부모님이 있는 경우가 많습니다. 부모님 복이 있는 것이지요. 또, 저 같은 경우는 건강을 잃었다가 다시 회복한 것도 복이고, 속 터지게 하는 면도 있지만 순한 남편이 있는 것도 복입니다.

복은 나의 장점, 단점이라기보다 나에게 주어진 선물 같은 것이지요. 사랑하는 가족이 있거나 의식주 걱정하지 않고 살 수 있도록 직업이 있는 것, 안전하고 편안하고 따뜻한 집이 있다는 것 등은 장단점이라기보다 나에게 주어진 복이라 하겠습니다.

나는 박복한 인생을 살고 있다고 생각하는 분이 있으신가요? 그렇지만 잘 생각해 보면 복이 없는 사람은 없습니다. 외국에 살면서 여러 나라에서 온 사람들을 만나 보면 우리나라에 태어난 것 자체도 복이라는 걸 알게 됩니다. 가난을 벗어나 먹고살기 위해 이민 온 분들, 전쟁이

나 강력 범죄로 얼룩진 나라를 떠나 안전을 찾아 남의 나라에 온 분들도 많으니까요. 또, 우리 사회에서 이만큼 교육받은 것도 복입니다.

나아가, 우리 모두 지금까지 살아온 것이야말로 큰 복입니다. 이것을 깨닫는 것이 바로 근본적인 감사(radical gratitude)의 뿌리지요. 청년 두 명이 문답을 하는 영상을 보았습니다.

A: 지금 당장 당신에게 10억을 드린다면 받으실 건가요?
B: 네, 받겠습니다.
A: 그런데 딱 한 가지 조건이 있습니다. 당신은 내일 깨어나지 못할 겁니다. 그래도 받으실 건가요?
B: 아니요, 그러면 받지 않겠습니다.
A: 보세요, 당신이 내일 눈을 뜨고 일어나 살아갈 수 있다는 것 자체가 10억보다 더 가치 있는 것임을 꼭 아시길 바랍니다.

우리가 숨을 쉬는 것, 살아 있는 것, 그렇게 오늘 눈을 떠서 또 하루를 살아가는 것…… 그 모두가 무엇과도 바꿀 수 없는 큰 복이며 감사한 일입니다.

이제 여러분께 마법을 하나 보여드리겠습니다. 위 그림은 무엇일까요?

네, 백 원짜리 동전입니다. 앞면에는 이순신 장군, 뒷면에는 100이 찍혀 있지요. 그런데 이순신 장군 그림과 숫자 100은 비슷한 그림입니까? 아니죠, 전혀 다른 그림입니다.

그렇다고 해서 이것이 두 개의 다른 동전일까요? '동전의 양면'이라는 말도 있듯이, 같은 동전이지요. 100이라는 그림을 뒤집으면 이순신 장군 그림이 되는 마법이 바로 여기에 있습니다.

이처럼 여러분이 위에서 적은 단점들도 뒤집어 보면 장점이 되는 마법을 알려드릴게요.

남편에게 저의 가장 큰 단점이 무엇이냐고 물으니 주저하지 않고 '기억력memory'이라고 답하더라고요. 실제로 저는 해야 할 일을 잊어버리고 실수하는 경우가 많아 남편이 매우 힘들어합니다. 나쁜 기억력은 누구나 '단점'이라고 말하겠죠.

그런데 나쁜 기억력에 좋은 점은 전혀 없을까요? 혹시 '내가 기억력이 나빴다면 좋았을 텐데.'라고 생각해 본 적 있나요? 매우 화나거나 속상한 일이 계속 떠오를 때 그럴 수 있겠지요. 저는 실제로 웬만한 화나는 일은 하루도 안 가 잊어버리는 편이고, 상당히 억울한 일이 있어도 며칠 지나면 기억이 가물가물하답니다. 그래서 묵은 화나 분이 잘 없는 것 같아요. 다 잊어버렸습니다.

단점이 장점이 되는 마법: 자기수용 1

이것이 바로 동전의 양면입니다. 너무 억지 같다고요? 그럼, 단점도 장점이 될 수 있는 마법의 뒤집기의 예를 더 들어드릴게요.

그에 앞서 우리가 단점을 보는 시각을 한번 점검해 봅시다. 우리는 사회가 바라는 기준치에 맞지 않는 것을 쉽게 '단점'이라고 합니다. 어떤 틀에 맞지 않으면 모두 단점인 것처럼 생각하지요. 하지만 그것이 절대적 '단점'인지 생각해 볼 필요가 있습니다.

내 모양

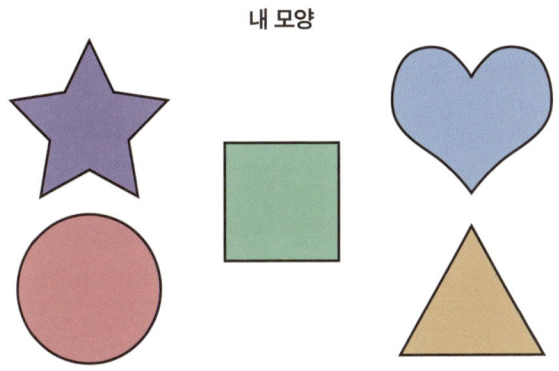

단점

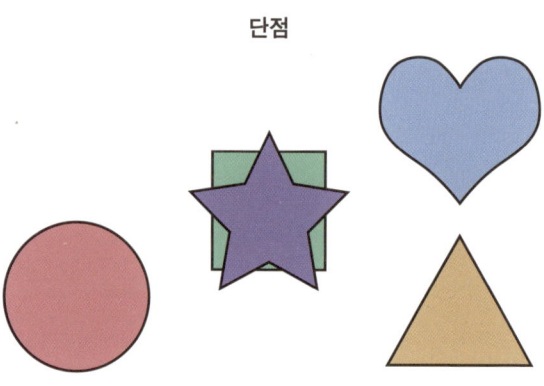

　여러분, 첫 번째 그림에 여러 가지 모양이 보이시나요? 여러분은 자신이 어떤 모양인 것 같나요? 별이라고 생각해 볼게요. 그런데, 사회가 네모가 되기만을 주입식으로 가르치고 추구한다면요? 여러분은 두번째 그림처럼 뾰족한, 쳐내어 버려야 할 단점만 수두룩한 사람처럼 보일 수 있습니다. 둥글둥글하던 사람은 그 둥그런 것을 다 깎아내야 하는 단점이라고 생각할 것이고요. 그러니, 각각의 모양을 가진 사람들이 단점과 부족한 면투성이인 것이 아니라 한 가지 모습만을 강요하는 우리 사회의 관점이 너무 편협한 것은 아닐까요?

예를 들면, 행동이 느린 것은 한국 사회에서 큰 단점이지요? '느려 터졌다.'라는 불평 섞인 표현이 있을 정도인데요, 미국에 와서 보니 모든 사람의 행동이 한국인 기준으로는 매우 느렸습니다. 슈퍼마켓의 캐셔들은 아무리 줄이 길어도 천천히 계산해 주고, 직장에서 서류를 떼려면 1~2주 정도 기다리는 것은 당연하고, 병원 전문의 예약을 삽으려 하면 몇 달을 기다려야 되는 경우도 많습니다. 한국인 입장에서 답답하고 이해가 안 될 정도이지요.

그런데, 이 문화권에서는 느린 것이 곧 여유 있는 것이고, 일을 신중히 처리하는 것이며, 독촉하지 않고 기다릴 줄 아는 것이 곧 배려심이고 존중이더라고요. 이렇게 문화가 달라지니 단점이라고 생각한 것이 더 이상 단점이 아니고 오히려 장점인 부분도 있었습니다.

여기서 여러분께 사람-환경 적합성person-envionment fit 이라는 개념을 알려드리고 싶어요.

사람은 각각 다른 특성과 성향, 장단점, 강약점, 호불호가 있기 때문에, 사람마다 더 잘 맞는 환경이 있고 잘 맞지 않는 환경이 있다는 것입니다. 더 구체적으로는 성격 적합personality fit, 가치 적합value fit, 기술 적합skill fit, 흥미 적합interest fit으로 적합성을 가늠해 볼 수 있습니다.

내 가족, 학교, 직장, 이웃, 사회 등 자신이 있는 환경, 또는 자라온 환경을 한번 생각해 보세요. 나의 성격, 가치, 기술, 흥미에 비추어 보았을 때 나에게 잘 맞는 환경인가요? 여러분의 자녀는 사람-환경 적합성에 높은 환경에 있는 것 같은가요?

사람-환경 적합성

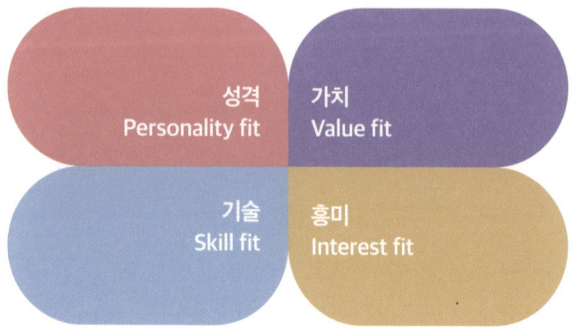

저 같은 경우는 정신과 의사라는 직업이 적합성이 높습니다. 저 스스로가 늘 실수가 많고 부족한 면도 수두룩하기 때문에 다양한 사람들을 판단하지 않고 잘 이해해 주는 편인 것 같아요. 반면에, 꼼꼼하지 않고 덜렁대는 부분이 심각한 문제를 일으키지는 않는 환경인 편입니다. 게다가 저의 동료와 상사들이 다 정신과 의사이다 보니, 저의 과잉행동주의력결핍장애(Attention-Deficit Hyperactivity Disorder, ADHD) 증상을 매우 너그러이 이해해 주고 도와줍니다. 부끄럽게도 제가 상사와의 미팅을 잊어버릴 때가 종종 있는데, 우리 상사는 화를 내시기보다 "나영, 미팅에 오고 있니?"라고 친절하게 문자를 보내주십니다. 그제야 헐레벌떡 뛰어들어간 경우가 많습니다.

그런데, 제가 외과 의사였다면 어땠을까요? 제 의과대학 동기들은 제가 수술을 하면 거즈를 환자 배에 넣어놓고 꿰맬 사람이라고 걱정했었지요. 인턴 때는 수술 보조를 서다가 수술 기구를 네 번이나 연달아 떨어트려서 수술방에서 쫓겨나 서글프게 울었던 기억도 있어요.

또, 제가 세무사였다면 어떨까요? 초중학교 시절에는

학교에서 적금 같은 것을 매달 내는 경우가 있었습니다. 담임 선생님께서 제가 나름 똑똑하게 일을 잘할 것 같다 싶으셨는지, 제게 학생들 돈을 받아서 기록하는 일을 시키셨어요. 그런데, 매번 돈 계산이 맞지 않아서 울며 어쩔 줄 몰라 한 기억이 선합니다. 지금도 꼼꼼히 기록하는 일에는 여전히 저조한 실력을 보입니다.

저는 얌전하고 겁 많은 치와와 '에베레스트'와 천방지축 사냥개 '오클리'를 키우고 있습니다. 그런데, 오클리는 애완용 개로 기르기에 힘든 점이 많습니다. 모든 것을 물어뜯고 망가트리고 사람들에게도 장난치려고 달려들기도 하고, 잠시도 가만히 있지 못해 집안을 난리법석으로 만들지요. 저희 시어머니는 도로 갖다주라고 하실 정도였어요. 발달전문가인 제가 볼 때 사회성이나 행동발달이 다른 강아지들보다 2년 정도 뒤처지는 듯합니다. 그렇지만, 타고난 사냥개인 오클리는 뒷마당에서 토끼나 두더지 같은 동물들을 귀신같이 발견해서 한 시간 정도를 마치 동상처럼 꼼짝 않고 예리하게 노려보며 초집중을 합니다. 평소의 좌충우돌 과잉행동과 대비하면 가히

믿기 어려운 장면이랍니다.

최근에는 오클리에게 자유를 더 주기 위해서 도기도어(개가 스스로 드나들 수 있는 작은 문)를 설치했는데요, 설치 기사님이 문을 드나드는 훈련을 잘한다면 3~4주쯤에는 개가 스스로 이용할 수 있을 거라고 하셨어요. 그런데 오클리는 놀랍게도 하루 이틀 만에 사용법을 터득하더라고요. 무서움이 없고 마구 덤벼드는 성격에, 독립적이고 자유롭기를 원하는 성향이 잘 맞은 것 같습니다. 가만히 생각해 보니 오클리는 애완견이 아니라 재난 구조견이었다면 천재적인 재능을 발휘해 영웅견이 되었을 것 같습니다. 놀라운 후각과 청각으로 용맹스럽게 희생자를 찾아, 혼돈의 상황에서도 꼼짝 않고 초집중하며 그 위치를 알려주었을 테니까요.

저나 오클리나 자신에게 잘 맞지 않는 환경에서, 잘하지 못하는 역할을 해야 했다면 무능하고 뒤처진 것처럼 보였겠지요. 그런데, 그것이 정말 단점이고 무능함인가요? 적합한 환경에서는 뛰어난 재능을 발휘할 수도 있는 것인데 말입니다.

얼마 전에 미술과 예술을 좋아하는 중학생 아이가 수학 성적이 뒤처져서 부모님께 제대로 말씀도 못 드리고 자신은 바보 같은 아이라고 생각하며 괴로워하는 모습을 보았습니다. 이런 학생은 '수포자는 대포자(수학을 포기하면 대학을 포기한 것)', 나아가 마치 인생을 포기한 자 같은 취급을 받기도 합니다. 수학에 재능이 있고 흥미를 느끼는 사람은 소수일 텐데도 말이지요. 입시라는 틀 안에서 규격화된 네모가 아니라면 별도, 세모도, 동그라미도, 하트도 모두 틀린 것이고 단점이고 부족한 것이라는 생각 때문에 상처받는 아이들을 생각하면 마음이 아픕니다.

아마 여러분도 성향과 자신의 장단점, 강약점에 더 잘 맞는 환경이 있고, 덜 맞는 환경이 있을 겁니다. 자녀도 그럴 것입니다. 사람과 환경이 맞지 않는 상황에서 그 사람이 무조건 틀렸다고 단정짓는 오류에 빠지지 않기를 바랍니다.

보는 시각과 적합성에 따라 어떤 성향이 치명적인 단점일 수도 있고, 엄청난 장점이 될 수도 있으니까요.

이제 단점이 장점이 되는 마법, 연습 문제를 몇 개 더 풀어보겠습니다.

게으르다는 점은 어떻게 장점이 될 수 있을까요? 게으른 사람은 일을 최대한 미루기도 하지만, 꼭 해야 하는 일이면 빨리 일을 마치고 쉬기를 원합니다. 그래서 일을 효율성 있게 할 궁리를 많이 합니다.

그러다 보니 창의적인 아이디어를 생각해 내기도 합니다. 게으른 사람이 발명을 더 잘할까요, 안 게으른 사람이 발명을 더 잘할까요? 제 생각에는 게으르고 귀찮으니까 발명을 하게 되는 것 같아요. 에디슨이 "필요는 발명의 어머니."라고 했는데, 제 생각에는 "귀찮음이 발명의 어머니."가 되기도 합니다. 직접 찾아가 이야기하기가 귀찮아서 전화를 발명하고, 빨래하기 싫어서 세탁기를 발명해 내는 것처럼요.

꼼꼼하지 못하고 실수가 많다는 것도 심한 단점 같습니다. 그러나 여기도 상상하지 못한 장점이 숨어 있습니다. 실수가 잦으면 잘못된 일이나 예상치 못한 일에 대처하는 능력이 길러지게 됩니다. 또 실수를 빈번하게 겪다 보니 어지간한 문제 상황에서는 쉽게 당황하지 않습니다.

   제가 이집트 카이로에 포스터 발표를 하러 간 적이 있었습니다. 그런데, 그 발표 포스터를 뉴욕 공항에 두고 비행기를 타버렸어요. 도착 바로 다음 날이 발표여서 저녁에 택시를 타고 카이로 대학로에 갔습니다. 대학 근처에 포스터를 인쇄하는 가게가 있을 거라고 생각했죠. 물어물어 찾아가서, 밤 시간이었지만 상황을 설명해 드리고 사정을 해서 포스터 파일을 인쇄할 수 있었습니다. '메이드 인 이집트Made in Egypt' 포스터로 발표를 한 거지요.

   반면에 저희 남편은 꼼꼼한 성격으로 거의 실수를 하지 않는 사람입니다. 그렇지만 사람이 실수를 전혀 안 할 수는 없지요. 그래서 간혹 실수를 하면 남편은 사색이 됩니다. 심히 당황해서 어떻게 해야 할지 모르더라고요. 그래서 실수투성이인 제가 얼른 문제를 해결해 줄 때가 많아요.

요리를 잘 못한다는 데에는 어떤 장점이 있을까요? 저는 요리를 잘하는 사람이 매우 부럽습니다. 자신의 건강도 챙길 수 있고, 다른 사람도 행복하게 해줄 수 있는 요긴한 장점이지요.

그런데, 요리를 잘 못하는 사람은 다른 사람이 해준 음식을 아주 감사하게 먹습니다. 음식을 만들어 주는 분들은 복스럽게 먹는다며 좋아하고, 보람 있어 하지요. 요리를 잘하는 사람은 다른 사람이 한 음식을 이리저리 판단하기 쉽습니다. 제 남편은 음식이 자신의 입에 맞지 않으면 잘 먹지 않아서, 요리해 주는 사람은 서운할 때가 많습니다.

고집이 세다는 것도 '고집쟁이'처럼 흔히 단점으로 표현되죠. 그렇지만 뒤집어서 생각하면 쉽게 포기하지 않는다는 장점이 될 수 있습니다. 제 남편은 신혼 때 저에게 고집이 세서 '불도저, 핏불' 같다고 불평했었어요. 그런데 어떤 문제를 한 팀으로 대응해야 할 일이 많아지니까 저보고 끝까지 포기하지 않고 해보라고 하며, 저의 장점이 '끈기, 집요함(tenacity)'라고 하더라고요.

💬 나의 단점은 어떤 장점이 될 수 있을까요? 앞에 적은 나의 단점들을 보며 연습해 봅니다.

⇨
_____
_____
_____

⇨
_____
_____
_____

⇨
_____
_____
_____

⇨
_____
_____
_____

⇨
_____
_____

단점이 장점이 되는 마법: 자기수용 1

위의 여러 어려움들이 단점이 아니라 장점이라고 이야기하는 것은 아닙니다. 단지 모든 장단점에는 양면이 있다는 것입니다. 감정이 컨트롤되지 않는 사람은 정도를 조절해야 하지만, 꾹꾹 참는 사람보다 화병이 날 확률이 적습니다. 체력이 안 좋으면 최악인 것 같지만, 오히려 내가 할 수 있는 것들에 대한 감사가 커지고, 아프고 체력이 약한 사람을 더 잘 이해할 수 있습니다.

전신마비로 휠체어를 타는 장애인 유튜버 박위 군과 결혼하게 된 비장애인 연예인 송지은 양이 "장애인과 사귀면 힘든 점이 많지 않나요?"라는 질문을 받았습니다.

이에 주저 없이 답했습니다. "더 좋은 점이 많더라고요." 일단 데이트를 휠체어가 갈 수 있는 곳으로 가니까 하이힐 신고 걷기도 쉽고, 영화나 공연, 교통수단은 50% 할인되고, 주차도 가장 가깝고 편리한 곳에 할 수 있어서 좋다고 했습니다. 단점이 될 수 있는 면을 뒤집어서 '이순신 장군' 쪽을 볼 수 있는 놀라운 시야를 가진 사람이라면, 어떤 어려움과 시련이 닥쳐도 절망하지 않고 누구보다 더 잘 헤쳐 나가지 않을까요?

우리가 가진 단점과 부족함은 우리를 성장시키는 계기가 되기도 합니다. 지금 이 책을 읽고 있는 여러분들이 자신을 단점 없는 완벽한 사람이라고 생각했다면 이 책을 손에 들지도 않았을 겁니다. 부족한 부분을 배우고 채워보려고 한 덕분에 여러분이 더 성장하게 될 것은 분명합니다.

혹시, 여러분 주위에 말과 행동이 바르고, 실수는 전혀 없으며, 빈틈이라고는 볼 수 없는 완벽한 사람이 있나요? 만약에 그렇게 보이는 사람이 있다면 그 곁에 있고 싶은가요? 저는 틈이 있는 사람이 더 친근하게 느껴집니다. 또 그런 사람이 더 겸손하고 남의 잘못이나 흠도 이해해 줄 수 있을 것 같습니다. 우리의 부족함이 우리를 더 인간답고 훈훈하게 만들지 않나 생각합니다. 우리는 모두 부족해서 더 아름다운 것이랍니다.

호흡과 명상

단점을 장점으로, 동전의 양면 명상

　편안한 자세를 잡고, 조용히 지금 여기 내 호흡을 알아차려 봅니다. 들숨을 따라 신선한 공기와 산소가 몸 곳곳에 들어가는 것을 느끼고, 날숨을 따라 근심과 스트레스를 내보냅니다. 코로 크게 천천히 들이쉬고, 입으로 후 하고 끝까지 내쉬어 봅니다. 심호흡을 몇 번 더 해 보세요.

　이번 시간에는 나의 장점, 단점, 복을 생각하고 적어 보았습니다. 그 모두가 합해져 '나'를 이룹니다. 자기사랑의 첫 단계는 자기 자신을 알고 그 모습을 그대로 수용하는 것입니다. 내가 이런 복합적인 사람인 걸 받아들이고 그런 나를 그대로 보듬어 안아줍니다.

적어내려 간 나의 장점을 하나하나 생각해 봅니다.
난 친절해, 결단력이 있어, 이해심이 많아, 청소를 잘해, 유머 감각이 있어…….
나에게도 좋고 다른 사람도 흐뭇하게 하는 장점이 많

을 것입니다. 나에게 이런 장점이 있다는 게 얼마나 감사하고 기쁜 일인가요?

세상에 완벽한 사람은 아무도 없고, '나'라는 사람에게도 부족한 면은 많이 있습니다. 게으르다, 느리다, 요리를 못한다, 결단을 빨리 내리지 못한다……. 그래서 자기비하도 많이 했습니다.

그러나 내게 부족함이 있기 때문에 교만하지 않을 수 있습니다. 나의 장점이 나를 여기까지 이끄는 데 도움이 됐지만, 나의 단점 역시 나를 더 배우고 성장하게 도와주었습니다.

내가 아팠기에 아픈 사람을 더 이해하게 됐고, 부모님의 사랑을 못 받았기에 더 사랑하는 부모가 되려고 노력했습니다. 이 모든 것들에 양면이 있습니다. 내가 지금껏 보지 못했던 양면을 이제는 볼 수 있습니다.

내가 받은 복을 세어봅니다. 나에게는 건강이 있고, 세상에 내가 최고라고 말해주는 자녀가 있고, 항상 옆에 있어주는 남편, 아내도 있습니다. 따뜻하게 우리 가족을 지켜주는 집이 있습니다. 책을 읽을 여유가 있고,

강의를 볼 수 있는 휴대폰이 있습니다.

나는 복이 없다고 생각했는데 하나하나 떠올려 보면 내가 받은 복이 아주 많다는 것을 알게 됩니다. 아니, 오늘 또다시 눈을 뜨고 깨어 하루를 숨 쉬며 살아갈 수 있는 것 자체가 복이라는 것을 알게 됩니다.

이 모든 게 바로 '나'입니다. 장점, 단점, 복, 상처와 잘못까지, 모든 것이 다 합해진 게 나입니다. 그런 나를 그 모습 그대로, 비판하거나 평가하지 않고 따뜻하게 안아 줍니다. 그 모든 것 덕분에 내가 여기까지 왔구나. 나의 모든 것이 고맙다.

코로 크게 들이쉬고 입으로 내쉬면서 말합니다.

나는 나를 받아들인다. I accept myself.

나는 나를 보듬어 안는다. I embrace myself.

나의 모든 것이 고맙다. I appreciate myself.

심호흡을 세 번 더 하면서 반복합니다.

이제 다시 편안한 호흡으로 돌아와 자기 페이스대로 호흡을 합니다. 준비가 되면 눈을 뜨세요.

우리는 '잘난 사람', '못난 사람'으로 나눌 수 있는 간단한 존재가 아닙니다. 우리는 모두 장단점, 강약점, 복, 또 상처도 있는 복합적인 존재입니다. 우리는 부족해서 더 아름다운 존재입니다. 그 모두를 인정하고 수긍하고 따듯하게 보듬어 안을 수 있는 내가 되기를 바랍니다.

4주 차, 단점이 장점이 되는 마법: 자기수용 1

1일	년 월 일 요일

오늘의 감정　　　　　　　　스트레스 레벨

오늘 감사한 것 세 가지

1.

2.

3.

가족이나 친한 친구에게 "지금 『나를 위한 용기』를 읽으며 연습 중인데, 나의 장점이 무엇인지 알려줘."라고 부탁해서 들은 답을 적어봅니다. 상대의 장점도 같이 알려주면 더 좋은 연습이 될 것입니다.

위의 장점이 내가 생각한 나의 장점과 비슷한가요?

| 2일 | 년 월 일 요일 |

오늘의 감정 .... 스트레스 레벨 ....

오늘 감사한 것 세 가지

1.
2.
3.

이번 주에 내가 실수한 일이나 단점이 나타난 일이 있었나요? 앞에서 연습한 것처럼, 그 부족한 점이 어떻게 장점이 될 수 있을까 생각해 봅니다. 창의적으로 제한없이 생각해 보세요.
예) 소심해서 하고 싶은 말을 못 했다. → 깊이 생각해서 언행이 신중하다. 실언이나 남에게 상처가 되는 언행을 하지 않는다.

단점이 장점이 되는 마법: 자기수용 1

| 3일 | 년 월 일 요일 |

오늘의 감정 .... 스트레스 레벨 ....

오늘 감사한 것 세 가지

1.
2.
3.

나에게 일어난, 당시에 나쁜 일이었다고 생각했던 것이 좋은 기회 또는 성장의 계기가 된 적이 있다면 적어보세요.

| 4일 | 년 월 일 요일 |

오늘의 감정   스트레스 레벨

오늘 감사한 것 세 가지

1.

2.

3.

오늘은 내 삶에서 복 받은 모든 것들을 번호를 달아가며 적어봅니다. 매우 사소한 것도 좋습니다. 다른 사람, 나, 경험, 물건에 감사한 것으로 나누어 보아도 좋습니다. 몇 번까지 적게 되나요?

단점이 장점이 되는 마법: 자기수용 1

| 5일 | 년 | 월 | 일 | 요일 |

오늘의 감정   스트레스 레벨

오늘 감사한 것 세 가지

1.

2.

3.

지금의 나의 환경은 다음 부분에서 사람-환경 적합성이 높은 것 같나요, 낮은 것 같나요?

*1 매우 낮다, 10 매우 높다

성격	가치
흥미	기술

현실적인 제한 없이 마음껏 상상할 수 있다면, 나의 장단점과 복, 성격, 가치, 기술, 흥미를 생각했을 때 가장 적합한 환경이나 직업은 무엇일까요?

예) 우주 탐사선 조종사, 패션쇼 기획자, 캠핑카를 타고 세상을 다니는 사람, 자유로운 환경에서 작품을 하는 미술가

이제 내가 그 환경에서 만족스럽고 행복하게 살아가는 것을 상상해 봅니다. 어떤 기분이 들었나요?

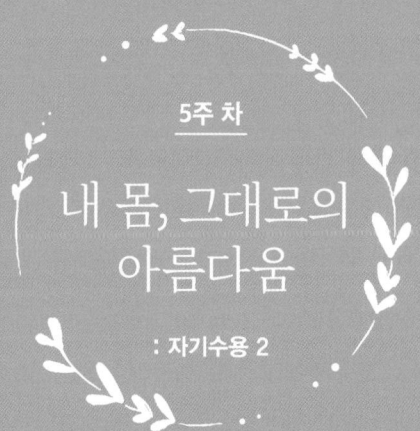

5주차

내 몸, 그대로의 아름다움

: 자기수용 2

한국의 드라마를 보면 지금도 사극이 많은 인기를 얻고 있더라고요. 이런 사극에 자주 등장하는 이야기가 있는데요, 바로 서자(庶子)의 이야기입니다. 본부인이 아닌 첩이나 후처에게서 난 아들을 서자라고 하지요. 이 서자들은 아버지의 집에 함께 살기도 하고, 경제적으로 아버지에게 도움을 받기도 하지만, 한 가지 할 수 없는 일이 있었어요. 『홍길동전』에 "내가 지금까지 아비를 아비라 부르지 못하고, 형을 형이라 부르지 못하였으니, 어찌 사람이라 하리오."라고 나오듯, 정식 자식으로 인정받지 못한 거예요. 본부인에게서 난 적자(庶子)와 달리 많은 차별과 천대를 받았습니다.

혹시 우리는 나 스스로를 서자로 만들고 있지는 않나요? 마음속으로 진실되게 "네가 바로 진정한 '나'다", "너는 사랑스러운 나 자신이다", "나는 너를 온전히 받아들인다."라고 말할 수 있나요?

우리는 쉽게 남과 나를 비교하지요. 타인이 얼마나 출세했는지, 경제력이 얼마나 좋은지, 학력이 얼마나 높은지 등을 비교하다 보면 나 자신이 마음에 들지 않고, 받아들여지지도 않습니다. 나아가 '너 같은 게 원래 그것밖에 안 되지.' 하며 나 자신을 차별하고 천대하기도 합니다. 이것이 바로 자기자신을 서자로 만들어 버리는 길이지요.

나의 몸에 대해서도 마찬가지입니다. 내 몸의 어느 부분은 조금 더 말랐으면 좋겠고, 어느 부분은 더 길었으면 좋겠고, 어느 부분은 조금 더 굴곡이 있었으면 좋겠다며, 나의 몸을 '소중하고 사랑스러운 내 몸'이라고 받아들이지 못하지요. 특히 우리 사회에서 자신의 몸을 그대로 받아들이는 것은 쉽지 않습니다.

한국에서 외모에 대한 관심과 평가가 크고 빈번하다는 것은 세계적으로도 잘 알려져 있습니다. 여기저기서 날아오는 외모에 대한 비판과 평가를 오랜 기간 듣고 살다 보면, 내 몸이 뭔가 많이 부족해서 받아들일 수 없는 서자같이 느껴지기 마련이지요. 이렇게 나 스스로가 서자 취급당하는 것을 그대로 두실 건가요?

이제 자신의 몸을 비판하거나 평가하지 않고 있는 그

대로 소중한 내 몸, 하나밖에 없는 내 몸이라고 받아들이고 사랑하는 연습을 합니다.

다음 그림을 보며 나의 몸을 찬찬히 살펴봅니다. 무릎, 발목, 손목, 허리 등 내가 아프거나 불편한 부위가 있다면 그곳에 동그라미 표시를 해주세요.

표시한 부위가 아픈 이유가 있을까요? 이유 모르게 아플 수도 있지만, 그 부위를 많이 사용해서 또는 혹사시켜서 아픈 경우도 꽤 있을 거예요. 타이핑을 많이 해서 손목이 아프다거나, 오래 서 있어서 무릎이나 종아리가 아프다거나, 긴장을 많이 해서 어깨와 머리가 아픈 식이지요. 그렇게 애써준 내 몸에게 고맙고 좀 미안하기도 할 것입니다.

나의 불편한 감각을 살피고 느낀 후에는 표시한 부위를 천천히 마사지해 줍니다. '나의 몸아, 수고했다. 고맙다. 일을 너무 많이 시켜서 미안하다. 이제 좀 쉬어라.'

몸의 각 부위는 그 부위만이 할 수 있는 일이 있습니다. 손만 할 수 있는 일이 있고, 발만 할 수 있는 일이 있긴장되거나 불편하거나 아픈 곳이 있으면 표시해 보세요.

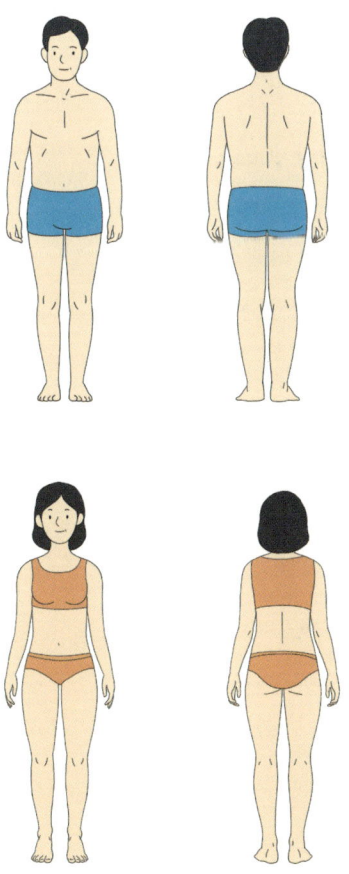

듯 말입니다. 그 각각의 자리에서 열심히 역할을 수행하고 있는 부위들에게 고마움을 표하며 따뜻하게 자기 자신을 보듬어 안고 받아들여 줍니다.

우리 몸의 이곳저곳을 살펴보았는데요, 여러분은 우리 몸에서 가장 중요한 장기가 무엇이라고 생각하세요? 답으로 심장과 뇌가 가장 많이 나오더라고요. 저는 정신과 의사로서 저 나름의 답이 있습니다.

현대 의학으로 심장은 장기 이식을 받을 수 있지만, 뇌 이식은 아직 불가능합니다. 여러분의 심장이 갑자기 멎어서 죽게 되었는데, 심장 이식을 받아서 살 수 있다면 어떻게 할 것인가요? 당연히 이식을 받으시겠죠.

그렇다면 여러분의 뇌가 갑자기 기능을 다 잃어 죽게 되었다고 생각해 보세요. 뇌 이식을 받아서 살 수 있다면 받으실 건가요?

내 몸에 새로운 뇌를 이식받는다면, 그것이 나라고 할 수 있을까요? 기억이나 판단을 하는 뇌가 다른 사람의 것이 되어버리면 온전히 '나 자신'이라고 하기가 어려워질 거라 예상됩니다.

몸의 모든 장기를 이식받아 바꾸어도 사람이 바뀌었다 하진 않겠지요. 그렇지만 뇌를 이식받는다면 마치 영화 〈아바타〉처럼 몸은 아바타이지만 결국 의식의 주인이 그 실체인 것과 같지 않을까요? 그래서 저는 가장 중요한 장기가 뇌라고 생각해요.

그런데, 가장 중요한 장기인 뇌에 필수적인 산소와 영양을 심장에서부터 공급해 주는 혈관들이 반드시 지나가야 하는 부분이 있습니다. 바로 목입니다.

또 뇌가 몸에 중요한 신호를 보낼 때 신경이 반드시 지나가야 하는 부분도 바로 목이지요(매우 일부의 신경은 머리에서 얼굴 쪽으로 가기 때문에 목을 지나가지 않지만요). 중요한 뇌를 살리는 데 필수적인 통로가 되는 목이 우리 몸에서 얼마나 중요한 부분인지 아시겠죠?

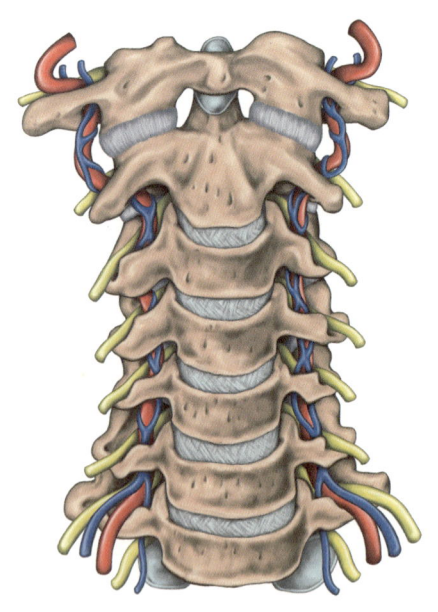

    목 구조를 간략히 보여주는 위의 그림을 보시면 빨간 것이 동맥, 파란 것이 정맥이고, 노란 것이 신경입니다. 혈관이나 신경이 이렇게 잘 펼쳐져 있어야 전달이 원활합니다. 그런데, 목과 머리의 자세가 바르지 않아 그 통로가 꺾이거나 접히게 되면 혈관과 신경의 통로에 제한이 생길 수 있습니다.

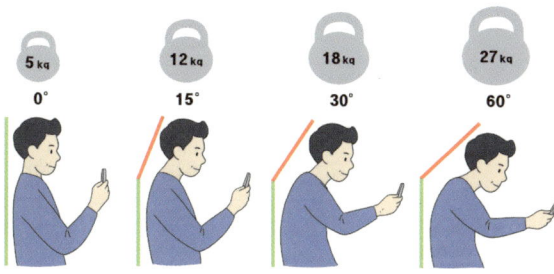

　사림의 머리 무게는 평균 4~5kg 정도로 9~10 파운드 볼링공 무게 정도 됩니다. 그런데 목을 똑바로 세워서 경추 위에 머리를 정자세로 올려놓으면 4~5kg이지만, 목을 앞으로 숙일수록 하중이 점점 무거워지는 것을 위 그림에서 볼 수 있습니다.

　목을 숙이는 각도가 평균적으로 15도인 사람은 12kg짜리 쇳덩이를 들고 있는 것과 같습니다. 모니터를 보거나 글을 쓸 때 머리를 많이 숙여서 그 각도가 30도 정도가 되면 머리 하중이 18kg이 됩니다. 가장 오른쪽 그림처럼 목을 60도 정도까지 심하게 숙이면 27kg가 됩니다. 이는 원래 머리의 무게인 4~5kg의 네다섯 배 정도인데요, 마치 몸무게가 27kg인 아이를 목 위에 얹고 있는 것과 마찬가지이죠. 그렇게 하루 종일 지낸다면 목과 어깨가 아프지 않을 수가 없겠지요.

내 몸을 아끼는 마음 중 하나는 자세를 바르게 하는 것인데요, 그중에 가장 중요한 것이 목의 자세입니다. 이번에는 바른 목 자세를 배우고, 나의 소중한 몸의 여러 근육을 재정비하는 시간을 가져보겠습니다.

바른 목 자세

우리 척추에는 자연스러운 굴곡이 있습니다. 그런데 나쁜 자세를 계속하다 보면 그 굴곡이 비정상적으로 되어갑니다.

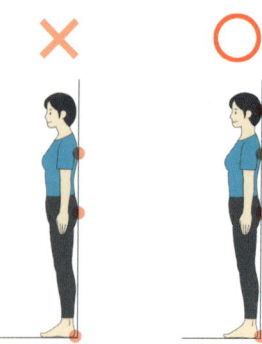

바른 목 자세를 위해 마치 정수리에 실을 달아 누군가 위에서 잡아당겨 척추를 늘려주는 것 같은 느낌으로 서봅니다. 이때 턱이 과하게 올라가

지 않도록 자연스럽게 정면을 바라보는 각도로 유지합니다. 목에 힘을 빼고 머리를 앞으로 떨어트려도 보고 뒤로 떨어트려도 보면서, 그 가운데서 앞으로도 뒤로도 떨어지지 않는 균형 잡힌 중간을 찾아보면 그것이 바른 각도입니다.

팔은 편안하게 몸에 붙여 내립니다. 이때 어깨가 앞쪽으로 굽어 있는 경우 마치 침팬지처럼 손등이 정면을 향하게 됩니다. 어깨가 앞쪽으로 말려 있기 때문입니다. 어깨를 돌려서 펴주도록 할 텐데요, 어깨를 귀에 닿을 만큼 앞으로 올렸다가 뒤로 돌리면서 쭉 펴내려 보세요. 침팬지 손등이 교정되었나요? 의학적으로 바른 자세는 손등이 앞이 아닌 바깥쪽을 향하거나 약간 뒤를 향하는 자세입니다.

또 목의 자세를 교정할 수 있는 방법은 왼쪽 그림에서처럼 벽에 등을 붙여서 섰을 때, 발꿈치, 엉덩이, 등, 머리 뒤가 다 벽에 닿는 자세를 취하는 것입니다. 이때 어깨가 앞쪽으로 말린 채로 목을 뒤로 젖혀서 머리를 벽에 대면 안 됩니다. 앞서 말한 대로 어깨를 편 다음에 앞으로 쏠려 있는 목 각도를 바로 세워 머리가 벽에 닿도록 합니다. 많은 모델들도 이렇게 자세 연습을 하는데요, 이렇게 어깨를 펴주고 목 자세를 바로잡으면 승모근도 덜 드러나고 얼굴과 어깨 사이가 펴지면서 목이 길어진답니다.

이런 바른 목 자세로 경추 각도를 교정하고 말린 어깨를 펴주면 심장과 뇌를 연결하는 각종 혈관과 신경이 지나가는 통로들이 시원하게 쭉 펴지게 됩니다.

이같이 중요 구조가 많이 지나가는 목에는 여러 겹의 근육이 이를 보호하고 있습니다. 이제 목의 근육 스트레칭과 그 외 몸의 여러 부분의 스트레칭을 배워보겠습니다. 특히, 좌식으로 책상에서 컴퓨터 작업을 많이 하는 현대인을 위해 상체 부분을 집중해서 실었습니다.

목 스트레칭

목 스트레칭에는 여러 가지 방법이 있습니다. 흔히 목을 돌리는 스트레칭을 많이 하는데, 이때 효과적으로 스트레칭을 하기 위해서는 위에서 취한 '바른 목 자세'

를 염두에 두고 있어야 합니다.

목을 구부리면서 돌리는 것보다 경추를 쭉 당겨서 편 상태에서 천천히 돌려주는 것이 좋습니다. 그러면 어깨와 목 근처의 근육들이 당기는 느낌이 들 것입니다. 특히 더 당기는 부분에서 멈추고 계속 쭉 펴면서 당기는 느낌으로 스트레칭해 주면 좋습니다.

여기서 조금 더 압력을 주어 스트레칭하고 싶다면, 손으로 머리에 약한 힘을 가해 5~10초가량 지그시 눌러주면 됩니다.

머리를 돌리면서 뒤로 젖힐 때도 목을 뒤로 젖힌다, 또는 구부린다는 느낌보다는 목을 위로, 뒤로 죽 당겨서 보낸다는 느낌으로 스트레칭해 줍니다. 힘을 너무 과하게 줄 필요는 없습니다.

시간을 가지고 시계 방향과 반시계 방향으로 천천히 움직이면서 스트레칭을 하며 목을 죽 당겨줍니다.

팔 스트레칭(무지개 호흡)

손바닥이 하늘을 향하도록 하고 팔을 양옆으로 쭉

뻗습니다. 이것이 무지개 호흡의 시작입니다. 누군가가 손끝을 양쪽 옆으로 계속 당기는 것처럼 쭉 뻗고 늘려 주면서 커다란 무지개를 그리듯 하늘로 천천히 뻗어줍니다. 이때 호흡을 천천히 들이마십니다. 그리고 다시 팔을 내리면서 숨을 내쉬어 줍니다. 이것이 무지개 호흡입니다.

아이들이 특히 좋아하는 호흡인데요, 무지개 호흡을 바른 자세로 세 번만 해도 몸이 차분해지는 느낌이 들 겁니다. 1분 정도 반복해서 팔을 스트레칭하며 호흡합니다.

팔, 어깨 스트레칭

계속해서 팔과 어깨를 스트레칭해 봅니다. 오른팔을 가슴 앞에서 왼쪽으로 뻗고, 왼팔로 오른팔을 걸어 몸쪽으로 당겨 줍니다.

이 동작은 많이 해보셨을 것 같은데요, 이때 어깨와

손을 반대 방향으로 당기듯 죽 스트레칭해 주는 것이 중요합니다. 즉, 손을 왼쪽으로 뻗치는 동안, 어깨는 팔을 따라가는 것이 아니라 반대인 오른쪽으로 당기듯 힘을 줍니다. 그러면 어깨 관절과 뒤쪽이 많이 당기실 거예요.

오른팔이 끝났으면 왼팔로 바꾸어 반복합니다.

옆구리 스트레칭

무지개 호흡에서 배운 것같이 숨을 들이쉬면서 팔을 위로 스트레칭합니다. 여기서 척추를 죽 당겨 편 상태를 유지하다가 숨을 내쉬면서 오른쪽으로 기울입니다. 왼쪽 옆구리가 많이 당기면 스트레칭이 잘 되는 겁니다. 이때 오른쪽 옆구리를 접어버리면 스트레칭의 효과가 크지 않습니다. 오른쪽, 왼쪽 옆구리를 둘 다 늘려준 상태로 유지하면서, 한쪽으로 기울이는 느낌으로 해보세요. 숨을 들이쉬면서 다시 올라옵니다.

이번에는 왼쪽으로 반복해 봅니다. 온몸에 산소가 쭉쭉 들어가면서 스트레칭되는 것이 느껴질 거예요.

척추 트위스트

척추와 그 주위 근육들은 우리 몸의 중심을 잡아주고 세워주는 중요한 부분이지요. 함께 스트레칭을 해볼까요?

호흡을 죽 들이마시면서 앞에서 말한 바른 자세로 척추를 죽 펴고 앉아봅니다. 어깨도 앞으로 위로 돌렸다가 뒤로 아래로 내려서 펴줍니다. 이 상태에서 숨을 크게 들이쉬고 나서 천천히 내쉬면서 트위스트해 볼게요. 골반은 정면을 향한 그대로 놔두고 척추를 오른쪽으로 틀어서 뒤를 봅니다. 양팔도 어깨와 함께 돌아가면 됩니다. 갈 수 있는 만큼 쭉 트위스트 한번 해주고 다시 돌아와서 숨을 들이마십니다. 다음에는 반대편으로 숨을 내쉬면서 트위스트하면 됩니다.

이때 상체가 구부정해지지 않도록 목 스트레칭을 할 때처럼 정수리를 누가 위로 당기듯이 척추를 길고 바르게 유지합니다.

손목 스트레칭

여러 관절이 아프신 분이 있겠지만, 타이핑할 일이 많은 현대 사회에서는 손목 아프신 분이 아주 많을 겁니다. 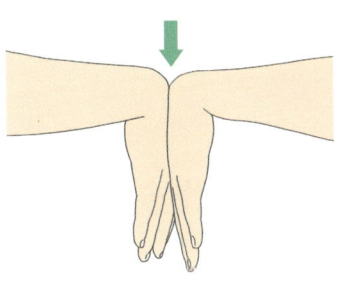 쉽게 할 수 있는 간단한 손목 스트레칭을 해볼게요. 양 손등이 서로 맞닿게 모은 다음 손을 앞뒤로 굴려주면 됩니다.

여기서 스트레칭을 좀 더 하실 분은 두 팔을 앞으로 쭉 뻗어서 오른손 손목을 등 쪽으로 꺾은 다음 왼손으로 오른손 손가락 쪽을 지그시 몸 쪽으로 당겨 줍니다. 손을 바꾸어 왼쪽 손목도 스트레칭해 줍니다.

손목 스트레칭은 간단하게 어디서나 잠깐씩 해주시면 좋습니다.

지금까지 내 몸의 여러 부분을 좀 더 정성 들여 살펴보고, 스트레칭도 함께 해보았습니다. 우리의 정신만큼이나 몸을 돌봐주는 것도 중요한데요, 나에게 이렇게 질문을 해보세요.

지금까지 나의 몸을 함부로 대하지는 않았나요?

수고하고 있는 소중한 나의 몸을 위해서 오늘 해준 일이 있나요?

있다면 어떤 일을 해주었는지 써보세요.

내가 소중한 내 몸을 위해 한 일을 써보세요.

내가 해야 할 일들을 바쁘게 하느라 몸을 잘 챙겨주지 못한 분도 많을 겁니다. 또 어떻게 해야 몸을 챙겨주는 것인지 감이 잘 안 잡히는 분들도 있을 거고요. 잠을 충분히 자고, 휴식도 취해주고, 좋은 음식을 먹고, 수분도 충분히 섭취하고, 산책을 하거나 마사지를 하거나 운동, 명상이 대표적인 내 몸을 위한 일이라고 할 수 있지요.

몸과 마음을 위해주는 일들은 뒷부분에 나오는 자기 돌봄에서도 더 배우겠습니다.

이번 시간에는 세상에 하나뿐인 내 몸을 그 모습 그대로 받아들이고 소중히 여기고 아껴주는 것을 배웠습니다. 스트레칭 루틴을 이번 한 주 동안 연습하고 워크시트에 기록해 보세요.

하루 종일 생각을 해준 나의 머리, 머리를 지탱하고 있었던 목, 온갖 표정을 지었던 얼굴, 많은 일을 한 팔, 걸어다닌 다리, 쉬지 않고 일했던 나의 심장. 이 모든 것이 하나밖에 없는 내 소중한 몸입니다.

내 몸의 각 부분들이 자신의 자리에서 열심히 일을 해주고 있어서 내가 여기까지 왔습니다. 따뜻하고 고맙고 사랑스러워하는 마음을 내 몸에게 꼭 전해주세요.

호흡과 명상

소중한 내 몸을 위한 명상

 편안한 자세로 척추를 펴고 앉거나 누우세요. 조용히 내 호흡을 알아차려 봅니다. 시원한 공기가 코로 들어와 허파를 채우고, 온몸에 신선한 산소를 퍼트린 다음 따뜻해진 공기가 다시 입으로 나가는 것을 느껴보세요. 몇 번 더 반복합니다.

 이제는 나의 몸을 알아차려 봅니다. 바닥이나 의자에 닿는 부분들—발, 종아리, 엉덩이, 손, 팔, 어깨, 등, 머리를 느낍니다. 또 다른 부분 목, 가슴, 배, 허벅지도 어떤 느낌인지 알아차려 봅니다. 이 모든 부분이 오늘 각자의 자리에서 나를 위해 수고해 주었습니다.
 모두가 완벽하지 않은 그 모습 그대로 소중한 나의 몸입니다. 애정을 담아 고마움을 표현합니다. 혹시 불편한 부분, 아픈 부분이 있다면 더 애정 어린 마음으로 손으로 만져주고, 마사지해 줍니다.

 오늘 수고 많이 했다. 고맙다. 덕분에 오늘 잘 살고 여러 가지 일을 해냈다.

  오늘도 든든하게 버텨주고 나를 지탱해 줘서 고마워.

  종아리가 아픈데도 잘 걸어다니고 서 있어줘서 고맙다. 더 잘 돌봐줄게. 쉬게 해줄게.

  손목이 아픈데도 아이들 도시락 싸주고, 이메일 보내주고 애썼다. 좀 푹 쉬어.

  이제는 이 소중한 하나뿐인 내 몸을 온전히 받아들입니다.

  내 몸, 그 모습 그대로 대단하다. 장하다. 잘하고 있어.

  호흡을 크게 마시고 다시 내쉬면서 내 몸을 사랑하고 아끼는 마음을 담아 말합니다.

  네가 내 몸이다. 네가 나의 적자다. I accept my body.

  나는 내 몸을 사랑한다. I love my body.

  감사와 사랑, 존중을 한껏 담아 그 따뜻한 에너지를 몸 곳곳에 보내줍니다.

  이제 내 몸을 함부로 하지 않고 잘 돌봐주고 아껴줌

니다.

    나는 내 몸을 잘 돌본다. I take care of my body.

    나는 내 몸을 소중히 여기고 존중한다. I respect my body.

    나는 내 몸을 사랑한다. I love my body.

    이제 다시 호흡을 알아차려 봅니다. 자신의 페이스대로 몇 번 호흡을 더 하고 준비가 되면 눈을 뜹니다.

    내 몸이 얼마나 소중한지, 고마운지, 사랑스러운지, 또 지금까지 서자처럼 대한 것이 미안한지 깨닫는 시간이 되었기 바랍니다.

    앞으로 더 애틋한 마음으로 내 몸을 따뜻하게 보듬어 안아주시고 아껴주시면 됩니다. 사랑받으면 예뻐진다는 말이 있죠? 내 몸도 더 건강하고 아름다워질 거예요!

5주 차, 내 몸, 그대로의 아름다움: 자기수용 2

| 1일 | 년 | 월 | 일 | 요일 |

오늘의 감정   스트레스 레벨

오늘 감사한 것 세 가지

1.

2.

3.

스트레칭하기 (Yes/No) : 가장 뻐근하고 당겼던 부분은 어디인가요?

나는 그동안 나의 몸을 잘 받아들이고 수용하고 있었나요? 아니면 서자처럼 대했나요?

내 몸을 따뜻하게 안아주고, 다음을 필사합니다.
  내 몸은 아름답다. My body is beautiful.

  나는 내 몸을 받아들인다. I accept my body.

2일	년 월 일 요일

오늘의 감정   스트레스 레벨

오늘 감사한 것 세 가지

1.

2.

3.

스트레칭하기 (Yes/No) : 가장 뻐근하고 당겼던 부분은 어디인가요?

내 몸 여러 부분 중에 오늘 내가 특히 더 감사하는 부분은 어디입니까? 왜 그런가요?

위의 부분을 따뜻하게 손으로 만지며, 그 부분을 넣어 다음을 필사해 봅니다.

예) 오늘 내 종아리가 잘 버티고 몸을 지탱해 주어서 감사하다.

오늘	가(이)	해주어서 감사하다.
오늘	가(이)	해주어서 감사하다.
오늘.	가(이)	해주어서 감사하다.

3일	년 월 일 요일

오늘의 감정   스트레스 레벨

오늘 감사한 것 세 가지

1.

2.

3.

스트레칭하기 (Yes/No) : 가장 뻐근하고 당겼던 부분은 어디인가요?

앞의 목 각도 그림을 보았을 때 나의 목 각도는 주로 몇 도에 가깝나요? 옆의 가족이나 친구에게 봐달라고 해도 됩니다.

  그러면 무게는 얼마정도 일까요?

가까운 벽에 등을 기대어 앞에서 배운 목의 바른 자세를 5분 동안 유지하며 다음을 반복해 말해 보세요.
  나는 바른 자세를 가진 사람이다.
  나는 내 몸을 위해서 바른 자세를 유지한다.
  내 목, 오늘도 이 중요한 뇌와 머리를 지탱하느라 수고 많이 했다. 고맙다.

내 몸, 그대로의 아름다움: 자기 수용 2

| 4일 | 년 월 일 요일 |

오늘의 감정 　　　　　스트레스 레벨

오늘 감사한 것 세 가지

1.
2.
3.

스트레칭하기 (Yes/No) : 가장 뻐근하고 당겼던 부분은 어디인가요?

오늘 특별히 더 애써준 몸의 부분은 어디인가요? 그 부분이 무엇을 수고했는지도 써보세요.

애써준 내 몸에 감사하면서 다음을 필사합니다.
　내 몸은 강건하다. My body is strong.

　나는 내 몸에 감사한다. I appreciate my body.

5일	년 월 일 요일

오늘의 감정 ....   스트레스 레벨 ....

오늘 감사한 것 세 가지

1.
....
2.
....
3.
....

스트레칭하기 (Yes/No) : 가장 뻐근하고 당겼던 부분은 어디인가요?

....

오늘 내 몸을 위해 내가 해준 일은 어떤 것이 있나요?

....
....
....

따뜻한 애정을 담아 내 몸을 안아주고 쓰다듬어 주면서 다음을 반복해서 말합니다.

　나는 내 몸을 받아들인다. I accept my body.
　나는 내 몸에 감사한다. I appreciate my body.
　나는 내 몸을 잘 돌본다. I take care of my body.
　나는 내 몸을 사랑한다. I love my body.

내 몸, 그대로의 아름다움: 자기 수용 2

6주 차

내가
이끄는 삶

: 자기돌봄

앞에서 자기사랑의 주요 요소에는 자기자비self-compassion, 자기수용self-acceptance, 자기존중self-respect, 자기돌봄self-care이 있다고 말씀드렸습니다. 이제 자기돌봄을 살펴볼 텐데요, 자기돌봄은 간단히 말하면 정신적으로, 육체적으로 나를 잘 대해주는 것입니다.

지금까지 타인에게만 잘해주고 나 자신에게는 소홀하지 않았나요? 이제는 마치 소중한 타인에게 하듯 나를 '잘' 대해야 합니다. 우리가 남에게 잘해주기 위해서는 그 사람이 무엇을 좋아하고 무엇이 필요한가를 알아야 하겠지요? 나에게 잘 대해주기 위해서도 마찬가지입니다. 우선 내가 무엇을 좋아하는지, 나에게 무엇이 필요한지를 알아봅니다.

나를 행복하게 하는 것은 무엇인가요? 시간을 갖고 천천히 떠올려 보세요.

향긋한 차 마시기, 햇빛 아래에서 강아지와 산책하기, 좋은 사람들과 밥 먹고 수다 떠는 시간……. '이 친구에게 무엇을 해주면 좋아할까?' 하고 타인을 생각하듯 나를 생각해 봅니다. 한 페이지 이상으로 많이 적어도 좋습니다. 많이 알고 있을수록 나를 행복하게 해줄 선택지

나를 행복하게 하는 것

1.

2.

3.

4.

5.

6.

7.

가 많아지는 것입니다.

 기분이 좋아질 때 뇌에서 나오는 신경전달물질 중에는 도파민과 세로토닌이 있습니다. 단순화해서 말한다면, 세로토닌은 마음이 평안하고 진정될 때 나와서 차분한 행복감을 주고, 도파민은 보다 자극적인 짜릿함을 느낄 때 나와서 흥분된 즐거움을 준다고 할 수 있습니다.

 나를 행복하게, 재밌게, 즐겁게 해주는 활동도 도파민을 올리는 활동과 세로토닌을 올리는 활동으로 구분해 볼 수 있습니다. 물론 두 가지가 혼합된 활동도 있습니다.

도파민을 올리는 활동의 요소

 1. 흥분(excitement)

 2. 새로움 추구

 3. 보상

세로토닌을 올리는 활동의 요소

 1. 안정감(relaxation)

2. 자연

3. 관계

  도파민을 올리는 활동에는 어떤 것이 있을까요? 사람을 흥분을 시키는 일과 새로운 자극이 있는 일입니다. 예를 들어 이미 가지고 있는 가방이 많은데 또 예쁜 가방을 보게 되면 가지고 싶어지지요. 이렇게 쇼핑을 하면서 새로운 것을 살 때가 정말 행복하다고 말하는 분도 많습니다. 이런 분들은 새로운 것이 주는 신선한 자극, 즉 도파민적인 기쁨을 즐기는 거예요. 그래서 도파민적인 행복을 좋아하는 사람은 똑같은 일이 계속 반복되면 쉽게 지루해할 수 있습니다.

  이런 분들은 또 보상을 자주 받아야 행복해합니다. 예를 들면 승진, 보너스, 상, 복권 당첨 등이 도파민적인 행복을 줍니다. 하지만 이런 경우의 취약점은 승진도, 복권 당첨도 자주 일어나기 어렵다는 데 있습니다. 또 그 보상의 강도가 계속 강해져야 같은 만큼의 기쁨을 느낄 수 있습니다. 예를 들어 월급이 나오면 행복을 느끼지만, 월급이 계속 같으면 그 행복감이 떨어지고, 인상되어야 같은 정도의 행복을 느낄 수 있습니다.

혹시 나의 행복이 너무 도파민적 자극에 의존하고 있는 것은 아닌지 한번 점검해 보세요.

세로토닌적인 활동은 주로 안정감을 주는 활동으로, 그 잔잔함에서 행복을 느낄 수 있습니다. 햇빛을 보며 걷는 것, 맑은 공기를 마시는 것처럼 자연과 교감하는 활동에서 세로토닌이 잘 분비됩니다. 또 좋은 관계를 맺을 때도 세로토닌이 올라갑니다. 아이가 자라는 것을 보며 기뻐하는 것, 남편과 손을 잡고 걷는 것, 반려동물과의 상호작용, 봉사활동을 하며 남을 도우는 것 등이 모두 다 세로토닌적인 활동이라 할 수 있어요. 명상과 요가, 스트레칭 같은 차분한 활동도 세로토닌을 올려줍니다. 이렇듯 세로토닌적인 행복에는 나 스스로 반복해서 할 수 있는 것이 많습니다.

'나를 행복하게 하는 것'에 무엇을 적었는지 다시 한번 확인해 보세요.

앞에서 내가 적은 것을 하나씩 다시 읽어보며, 도파민적인 행복과 세로토닌적인 행복으로 구분해 보세요. 도파민이라면 'D', 세로토닌이라면 'S'라고 표시해 보세요. 내가 좋아하는 활동 중에 도파민적인 행복을 주는 것과, 세로토닌적인 행복을 주는 것들의 비율이 어떠한가요? 한 활동에 두 가지가 복합되어 있을 수도 있습니다.

운동의 경우, 경쟁을 하는 격한 운동에서는 주로 도파민이, 스트레칭이나 요가 같은 차분한 운동에서는 세로토닌이 많이 나옵니다. 수영의 경우는 심박수가 올라가고 흥분되면서 도파민이 증가하지만, 물 안에서의 조용함과 잔잔함을 느끼며 세로토닌도 동시에 올라가는 운동입니다.

나를 행복하게 하는 일들에 도파민적인 활동과 세로토닌적인 활동이 적절히 섞여 있도록 조율해 보기를 권합니다. 외부 보상이나 흥분될 만한 큰 사건에 의존하지 않고, 나만의 잔잔한 행복을 찾아가기 더 수월해질 거예요.

혹시 내가 무엇을 좋아하는지 잘 모르겠다면, 다음 리스트를 참고하며 내가 좋아하는 일에 체크해 보세요. 대단한 일이 아니라도 건강한 음식 요리하기, 수분 섭취하기 같은 소소한 행위들이 모두 나의 몸과 마음을 위한 자기돌봄의 행위입니다.

나의 몸과 마음을 사랑하고 아껴주기 위해 할 수 있는 일들

- ☐ 디지털 디톡스
- ☐ 따뜻한 물로 목욕하기 (사우나)
- ☐ 충분한 수면 취하기
- ☐ 충분한 수분 섭취하기
- ☐ 읽고 싶은 책 읽기
- ☐ 청소하기, 정리정돈
- ☐ 좋아하는 음악 듣기
- ☐ 산책하기, 등산하기
- ☐ 건강한 음식 챙겨 먹기
- ☐ 일기 쓰기
- ☐ 요가, 조깅 등 가벼운 운동하기
- ☐ 요리하기
- ☐ 푹 쉬어주기
- ☐ 문화생활 즐기기
- ☐ 호흡과 명상하기
- ☐ _____

내가 이끄는 삶: 자기돌봄

♥ 이번 주에 내가 가장 행복했던 순간이 언제였는지 떠올려 보세요. 그때 내가 왜 행복했는지 적어보세요.

♥ 나를 위한 선물은 무엇이 가장 좋을지(물건이 아닌 활동일 수도 있음)도 고민하며 적어보세요.

여기에 적은 나를 위한 선물(마사지 받기, 친구들과 만나 맛있는 것 먹기 등)을 이 책을 진행해 가면서 나에게 보상으로 주기로 약속해 봅니다. 좋아하는 음악 들으며 향긋한 차 마시기처럼 어렵지 않은 선물이라면 각각의 연습을 마쳤을 때마다 주는 것도 좋습니다.

여기서 연습을 해볼 수 있도록 여러 가지 셀프케어 활동 중에 어렵지 않게 할 수 있으면서도, 짧은 기간에 큰 효과를 느낄 수 있는 두 가지를 골라보았습니다. 바로 '디지털 디톡스'와 '건강한 수면'입니다.

첫 번째 셀프케어 루틴, 디지털 디톡스입니다.
현대인은 휴대폰과 몸이 일체가 된 사람들이 많습니다. 특히 젊은이들은 폰을 사용하지 않는다는 생각 자체를 매우 어려워하더라고요. 제 남편도 디지털 디톡스는 거의 불가능하다고 생각하는 사람입니다. 우리는 쉬운 걸음부터 할 거니까 걱정 마세요.
함께 시도해 볼 기본 디지털 디톡스 루틴을 설명드릴게요.

하루 종일 휴대폰을 달고 있었다 하더라도 자기 전 두 시간 동안만이라도 휴대폰을 하지 않고 자신의 삶에 집중하는 겁니다. 하루를 좀 더 조용하고 평온하게 마무리할 수 있을 거예요.

두 시간 동안 사용하지 않는 것이 너무 어렵다면, 잠자리에 휴대폰을 들고 가지 않는 것부터 해보세요.

파트너가 있는 분은 휴대폰이 없으면 괜히 상대에게 한 번 더 말을 걸게 될 거예요. 잠자리에서 잔잔한 대화를 나누면 관계도 더 좋아질 수 있겠지요.

또 이런저런 생각이 떠오를 수 있는데요, 이때 여기서 연습한 여러 명상을 반복하면 좋습니다. 이 책을 곁에 두고 명상 파트를 읽다 보면 잠이 스르르 들 거예요. 수면의 질도 높아지고요.

휴대폰을 잠자리에 갖고 들어가지 않으면 잠들 때에도 도움이 되지만, 아침에 일어날 때 더 큰 이점이 있습니다. 여러분은 눈을 뜨자마자 더듬더듬 휴대폰을 찾으시나요?

이메일, 각종 영상과 포스트 등을 보다 보면 바쁜 아

침에도 20분, 30분이 훌쩍 지나가기도 하지요? 스스로 생각을 할 겨를도 없이 휴대폰이 보여주는 대로 내 생각이 흘러가는 경험을 하셨을 거예요. 휴대폰이 침대 옆에 있으면 눈 뜨는 순간부터 잠드는 시간까지 내가 이끄는 삶이 아닌 휴대폰이 이끄는 삶을 살게 되기 십상입니다.

휴대폰 없이는 잠이 오지 않는다고 할 정도라면, 휴대폰 과사용이나 중독 증상이 있는 것은 아닌지 살펴볼 때입니다.

마치 금단 증상을 느끼듯 휴대폰이 없으면 뭔가 허전하고 불안하다는 분도 있습니다. 이런 분은 마음을 잔잔히 가라앉혀 주는 것이 도움이 되는데요, 따뜻한 물을 마신다거나, 가벼운 스트레칭을 한다거나, 책을 읽거나 컬러링을 하는 것도 좋은 방법입니다.

미국에서는 어른들을 위한 컬러링 도안이나 책이 유행인데요, 여기 몇 가지 연습할 수 있는 문양을 넣어보았습니다.

반복 패턴이 있는 그림을 색칠하다 보면 마음이 차분해지고, 평온해지는 효과가 있습니다. 세로토닌적인 활동이지요. 부교감신경이 올라가고 교감신경이 떨어지면서 진정 효과와 수면 유도 효과를 느낄 수 있습니다.

휴대폰에 아침 알람을 맞춰놔서 '꼭' 침실에 들고 들어가야 한다는 분도 있습니다. 그럴 때는 자명종을 따로 마련하거나, 지니 같은 음성 AI 기기를 쓰거나, 또는 휴대폰을 침실 문 밖에 두는 것을 권합니다.

디지털 디톡스가 어렵게 느껴지더라도 작은 스텝으로 시작해 보면 대부분이 잠도 잘 오고, 스스로 뿌듯함을 느낀다고 말합니다. 여러분 모두 이제 휴대폰이 이끄는 삶이 아닌 내가 이끄는 삶을 시작하기를 바랍니다.

두 번째 셀프케어 루틴은 건강한 수면 습관입니다.

성인의 경우 하루에 8시간 내외를 자는 것이 좋습니다. 나를 귀하게 여기고 잘 돌보기 위해 몇 시간을 잘 것인지 계획해 보세요. 대부분의 경우 일어나야 하는 시간은 정해져 있으니, 몇 시에는 잠자리에 들어야 그 정도의 수면을 취할 수 있겠다는 계산이 나오지요?

저는 6시 30분쯤 일어나는데, 그러면 밤 10시 30분에는 취침해야 8시간을 잘 수 있는 거지요. 저도 밤낮이 다른 한국 일을 하다 보면 이것이 쉽지 않은데요, 그래도 밤 11시 전에는 잠자리에 들려고 노력합니다.

수면 시간을 줄여 다른 일을 하기보다 나를 사랑하고 아껴주기 위해 충분한 수면을 취해주겠다고 스스로 결심하는 겁니다.

오늘 밤부터 디지털 디톡스와 건강한 수면 습관 체크리스트를 채워보세요. 휴대폰이 이끄는 삶이 아닌 내가 이끄는 삶, 점점 더 건강한 삶을 살게 될 것입니다.

호흡과 명상

나를 아껴주기 위한 자기돌봄 명상

 몸을 편안하게 하고 눈을 살짝 감습니다. 조용히 내 호흡을 알아차려 봅니다. 들숨과 날숨이 내 몸 구석구석에 들어갔다가 다시 나가는 것을 느껴봅니다. 이제 심호흡을 하면서 공기가 코에서 목, 가슴, 배로 가득 차는 것을 느껴보세요. 그리고 입으로 후 하고 내쉬면서 가슴과 배가 가라앉는 것을 느껴 보세요. 몇 번 심호흡을 하면서 점점 차분해지는 나를 느껴 보세요.

 나는 나를 위해 늘 수고하고 있는 내 몸과 마음을 잘 돌보고 있나요? 셀프케어에 얼마나 우선순위를 두고 있는지 생각해 봅니다.

 건강한 음식을 먹는지, 충분한 수면을 취하고 있는지, 적절한 운동은 하고 있는지, 세로토닌이 올라가는 차분한 행복과 도파민이 올라가는 흥분되는 행복을 느낄 일도 많이 하고 있는지.

 혹시나 다른 일이나 다른 사람을 돌보느라 나를 소홀히 하지는 않았는지 살펴보세요. 이제부터는 나를 잘 돌보는 걸 우선시하기로 다짐합니다.

  숨을 들이쉬면서 나는 나를 잘 돌봐주겠다 다짐합니다. 숨을 내쉬면서 지금까지 잘 돌봐주지 못한 것에 대한 미안함과 아쉬움을 보냅니다.
  나는 가장 소중한 사람이고, 세상에 하나밖에 없는 사람이므로 내 몸과 마음을 귀하게 여기고 아껴주기로 다짐합니다.

나는 나를 소중히 여긴다.
나는 나를 잘 돌본다.
나는 내 몸과 마음을 위해준다.

  자기 페이스대로 호흡을 몇 번 더 합니다. 준비가 되면 눈을 뜹니다.
  이번에 배운 여러 가지 셀프케어 루틴을 활용해서 하나뿐인 '나'를 소중하게 보살펴 주세요. 우리가 가장 위해야 하는 사람은 다른 그 누구도 아닌 바로 '나'이니까요.

내가 이끄는 삶: 자기돌봄

6주 차, 내가 이끄는 삶: 자기돌봄

1일	년 월 일 요일

오늘의 감정 .... 스트레스 레벨 ....

오늘 감사한 것 세 가지

1.
2.
3.

어제 디지털 디톡스 하셨나요? YES / NO

    .... 시 AM/PM부터   .... 시 AM/PM 까지

    휴대폰을 잠자리에 가져가지 않기 YES / NO

    휴대폰을 보지 않는 동안 무엇을 했나요?

수면 루틴

    내가 원하는 수면 시간

    어제 취침 시간 ....   오늘 기상 시간 ....   총 수면 시간 ....

    아침에 일어났을 때 에너지 레벨, 상쾌함은 어느 정도였나요?
    *1 매우 안 좋음, 10 매우 좋음

                1 2 3 4 5 6 7 8 9 10

그 외에 오늘 나를 위해 해준 일을 적어보세요.

| 2일 | 년　　　월　　　일　　　요일 |

오늘의 감정 ....　　　스트레스 레벨 ....

오늘 감사한 것 세 가지

1.
2.
3.

어제 디지털 디톡스 하셨나요? YES / NO

　　　....... 시 AM/PM부터　　....... 시 AM/PM 까지

　　휴대폰을 잠자리에 가져가지 않기 YES / NO

　　휴대폰을 보지 않는 동안 무엇을 했나요?

수면 루틴

　　내가 원하는 수면 시간

　　어제 취침 시간　　　오늘 기상 시간　　　총 수면 시간

　아침에 일어났을 때 에너지 레벨, 상쾌함은 어느 정도였나요?
　*1 매우 안 좋음, 10 매우 좋음
　　　　　1 2 3 4 5 6 7 8 9 10

그 외에 오늘 나를 위해 해준 일을 적어보세요.

내가 이끄는 삶: 자기돌봄

| 3일 | 년　　월　　일　　요일 |

오늘의 감정 ....　　　스트레스 레벨 ....

오늘 감사한 것 세 가지

1.
2.
3.

어제 디지털 디톡스 하셨나요? YES / NO

　　____ 시 AM/PM부터　　____ 시 AM/PM 까지

　휴대폰을 잠자리에 가져가지 않기 YES / NO

　휴대폰을 보지 않는 동안 무엇을 했나요?

수면 루틴

　내가 원하는 수면 시간

　어제 취침 시간 ____　오늘 기상 시간 ____　총 수면 시간 ____

　아침에 일어났을 때 에너지 레벨, 상쾌함은 어느 정도였나요?
　*1 매우 안 좋음, 10 매우 좋음
　　　　　1 2 3 4 5 6 7 8 9 10

그 외에 오늘 나를 위해 해준 일을 적어보세요.

| 4일 | 년 월 일 요일 |

오늘의 감정   스트레스 레벨

오늘 감사한 것 세 가지

1.

2.

3.

어제 디지털 디톡스 하셨나요? YES / NO

       시 AM/PM부터   시 AM/PM 까지

휴대폰을 잠자리에 가져가지 않기 YES / NO

휴대폰을 보지 않는 동안 무엇을 했나요?

수면 루틴

내가 원하는 수면 시간

어제 취침 시간   오늘 기상 시간   총 수면 시간

아침에 일어났을 때 에너지 레벨, 상쾌함은 어느 정도였나요?

*1 매우 안 좋음, 10 매우 좋음

       1 2 3 4 5 6 7 8 9 10

그 외에 오늘 나를 위해 해준 일을 적어보세요.

내가 이끄는 삶: 자기돌봄

| 5일 | 년   월   일   요일 |

오늘의 감정 .... 스트레스 레벨 ....

오늘 감사한 것 세 가지

1.
2.
3.

어제 디지털 디톡스 하셨나요? YES / NO

_____ 시 AM/PM부터 _____ 시 AM/PM 까지

휴대폰을 잠자리에 가져가지 않기 YES / NO

디지털 디톡스를 일주일 정도 해보니 어땠나요?

수면 루틴

내가 원하는 수면 시간

어제 취침 시간 _____ 오늘 기상 시간 _____ 총 수면 시간 _____

아침에 일어났을 때 에너지 레벨, 상쾌함은 어느 정도였나요?
*1 매우 안 좋음, 10 매우 좋음
1 2 3 4 5 6 7 8 9 10

수면 루틴을 일주일 정도 해보니 어땠나요?

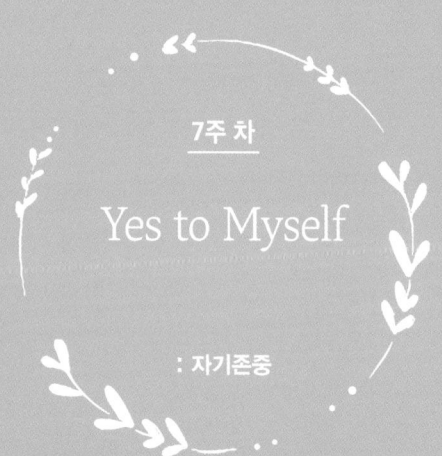

자기존중self-respect이라는 말을 들어보신 적 있나요? 한국에서도 '리스펙트'라는 단어를 "와, 대단하다. 존경스럽다."라는 뜻으로 많이 쓰는 것을 보았습니다. 영어 'respect'는 '존중'이라는 뜻인데요, 한국에서는 '존중하다respect'가 아니라 '존경하다admire'에 가깝게 생각하는 것 같습니다(사실 미국에서도 이 두 가지 뜻을 혼동해서 쓰는 경우가 많습니다).

그럼, 존중과 존경은 어떻게 다를까요? 우선 내가 존경하는 사람을 여기에 적어보세요.

_____

_____

몇십 명을 채우기 어렵고 아마 몇 명 정도 될 거예요. 저는 백범 김구, 마틴 루터킹, 넬슨 만델라 그리고 부모님 정도입니다. 부모님 외에는 대부분 역사적으로 훌륭한 사람들, 성품과 업적이 높은 사람일 거예요.

Yes to Myself: 자기존중

존경(尊敬)의 뜻을 찾아보면 '남의 인격, 사상, 행위 따위를 받들어 공경함'으로 나옵니다. '존중(尊重)'의 한자를 살펴보면 '높여 귀중히 대하는 것'인데요, 즉, '상대를 함부로 대하지 않고 정중히 대하는 것'을 의미한다고 볼 수 있습니다.

이렇게 보면, 우리는 누구나 함부로 대하지 않고 정중히, 존중해 주는 게 맞습니다. 대한민국 헌법 10조에도 "모든 국민은 인간으로서의 존엄과 가치를 가지며, 행복을 추구할 권리를 가진다."라고 나올 정도로, 우리는 누구나 존중받을 권리가 있습니다.

만약, 어떤 아버지가 술을 과하게 마시고 주정을 부리는 경우가 빈번했다고 합시다. 자식들이 그 아버지를 '존경'하기는 어렵겠죠. 그러나 한 인간으로서, 내 아버지로서 함부로 대하지 않고 정중히 대하는 '존중'은 해줄 수 있습니다. 심지어 범죄자가 법의 판단을 받아 구형을 받았다 하더라도, 그를 함부로 대할 수는 없습니다. 이처럼 모든 사람은 인간으로서 존중받을 절대적이고 기본적인 권리가 있습니다.

"만일 나를 학대하거나 가스라이팅하는 사람이 있다면 그 사람도 계속 존중해 주어야 하나요?"라는 질문이 있었습니다. 곰곰이 생각해 보세요. 그 관계에서 내가 가장 먼저 존중해야 되는 사람은 누구일까요? 바로 나 자신입니다. 어떤 관계에서나 상호 존중이 되고 있는지를 점검해야 됩니다.

만약, 내가 존중받지 못하고 있다면 그 자리에 나를 계속 두는 것은 '자기존중'에 어긋나는 것입니다. '자기존중'은 나 자신을 함부로 대하지 않고 정중하게 대하는 것입니다. 그러니, 누군가가 나를 함부로 대한다면, 내가 나를 존중하기 때문에 그 자리를 떠나야 하는 거지요.

앞서 자존감에 자기수용과 자기효용, 자기존중의 개념이 포함돼 있다는 것을 배웠습니다. 이 중 자기효용감이 낮아서 자존감이 낮은 분이 꽤 많습니다. '나는 잘하는 게 하나도 없어', '나는 쓸모가 없는 사람이야.'라고 생각하는 것 때문에 자존감이 떨어지는 것이지요.

한국 사회에서는 이 '효용'의 기준이 너무 높습니다.

마치 존경받을 만할 정도가 되어야 존중해 주듯, 뭔가 눈에 띄고 매우 생산적인 일을 하고 있어야 효용이 있다고 생각합니다. 얼마나 훌륭한 일을 하는지, 경제력이 얼마나 좋은지, 얼마나 완벽한 부모인지 등의 뭐든지 '잘' 해야만 하는 기준에 대어보면 나는 한없이 모자라 보입니다. 이러다 보니, 여성이 아기를 낳아 키우는 동안 직장에 다니지 못하면 자기효용이 떨어진다고 느끼기 쉽습니다. 하지만 아이를 낳고 한 인간으로 길러내는 이 사회에 꼭 필요한 역할을 수행하고 있는 것입니다.

'내가 있는 자리에서 내가 속한 그룹에 보탬이 되는 것'이 바로 '효용'입니다. 무언가 돋보일 만한, 또는 자랑스러울 만한 일을 해야만 효용이 있는 것이 아닙니다. 우리 모두는 그 자리에서 제 몫을 함으로써 큰 쓸모를 하고 있습니다. 가족 구성원으로, 일자리에서, 국세와 국방의 의무를 다하는 시민으로 중대한 몫을 하고 있는 사람들입니다.

나아가, 어떤 생산적인 행위를 하지 않더라도 내가 존재하는 것만으로 누군가에게 힘이 되어주며 내 몫을 하고 있기도 합니다. 이것을 '존재적 차원의 기여'라고 합니다. 뒷부분에서 이 개념을 더 알아봅니다. 우리 모두는 존재 자체만으로도 '효용'이 있는 사람입니다.

사람의 가치가 그 사람의 행위적 효용에만 달려 있다고 생각하는 것에는 큰 폐해가 있습니다. 학력과 경제력도 뛰어나고 좋은 직업을 가진 사람이 그렇지 못한 사람보다 자신의 가치가 더 높다고 생각하고, 그러므로 더 존중받아야 한다고 생각하는 것입니다. 나아가 자신보다 못한 사람은 덜 존중해도 된다는 생각은 '갑질'까지 이어질 수 있습니다.

인간으로서 기본적으로 받아야 할 존중은 그 사람의 능력에 비례하여 오르락내리락하는 것이 아닙니다. 오직, 평등하고 수평적인 것입니다.

한국 사회에서 비정상적으로 높게 매겨져 있는 '존중'과 '효용'의 잣대가 하루빨리 정상화되어 인간은 모두 존중받아 마땅하고, 우리는 구성원이 된 그 존재만으로도 효용이 있다는 것을 모두가 깨닫게 되기를 바랍니다.

혹시 내가 나보다 더 귀중하게 여기는 사람이 있다면,

그림에 적어보세요. 부모님, 자녀, 남편, 상사······.

이렇게 나보다 더 중요하게 여기는 사람이 있으면 그 사람에게 'No'라고 말하기가 어렵습니다. 나의 의지와 필요보다 상대방의 뜻과 요구를 더 중요하게 여기기 때문에 거절이 어렵지요.

● 내가 나보다 더 귀중하게 여기는 사람이 있나요?

적어보세요.

💬 상대방의 요구나 명령 등을 받고 'No'라고 말하지 못해서 후회한 경우가 있었다면 적어보세요.

Yes to Myself: 자기존중

우리 사회에서는 거절을 하는 것이 일반적으로도 쉽지 않은 일입니다. 자신의 의견을 잘 표현하도록 권하는 문화가 아니기 때문입니다. "부모님 말씀 잘 들어라, 선생님이 하라는 대로 해라, 어른 말씀에 대꾸하지 마라." 하는 교육을 더 많이 받은 탓에 거절하는 법, 서로 다른 의견을 표현하고 조율하는 연습을 할 기회가 많지 않습니다.

또한 타인에게 인정받으려는 욕구가 크다 보면 거절을 하기가 어렵습니다. 무리한 요구를 거절하기 위해서는 과한 인정 욕구를 내려놓을 필요가 있습니다.

나를 소중하게 대하지 않고 자신의 필요와 욕구를 우선시하는 사람들에게까지 인정받기 위해서 노력할 필요는 없습니다. 진실로 나를 사랑하고 아껴주는 이들은 부탁을 거절했다고 해서 나를 미워하거나, 그 관계가 멀어지지 않을 겁니다.

일론 머스크는 타인의 제안에 거의 모두 "No" 한다고 합니다. 다른 사람에게 하는 "No"라는 거절의 뒷면에는 자신에 대한 "Yes"가 있기 때문이지요. 반대로 다른 사람

의 부탁을 거절하지 못해서 "Yes"라고 답하면, 나에게는 "No"라고 말하는 셈이 됩니다.

쉬고 싶은 날, 누군가가 일을 좀 도와달라는 부탁을 해왔다고 가정해 볼까요? 사실은 거절하고 싶지만, 알겠다고 대답을 합니다. 이것은 달리 보면 쉬고 싶다는 나의 마음을 거절한 것이에요.

반대로 상대의 부탁을 거절했다면 그 "No"라는 대답 뒤에 쉬고 싶어 하는 나의 마음에 "Yes"라고 해준 것이지요. 물론 서로 필요할 때 도움을 요청하고 상호협력하는 것이 필요할 때도 많습니다. 그렇지만, 나에 대한 존중이 빠진 일방적이고 무리한 요구는 거절을 하는 것이 나를 존중해 주는 길입니다.

부탁을 거절하면 상대의 기분이 나쁘지 않을까 걱정하기보다, 나에게 "No" 할 때 내 마음이 어떨지를 먼저

상대의 마음을 상하게 하지 않는 공손한 거절 방법

첫째, 대답하기 전에 좀 머뭇거린다. 3초 정도 생각하는 듯이 한 박자 쉬고 대답한다.

둘째, 가급적 전화보다는 이메일로 답한다. 이메일로 거절하기가 더 쉽다.

셋째, 일단 스케줄을 체크해 본다는 말로 보류하고 그다음 거절한다.

넷째, 중요한 일에 집중하고 있을 때는 지금은 답장하기 곤란하다는 이메일 자동 답장을 만들어 둔다.

다섯째, 상사에게 여러 업무를 받았다면 우선순위를 함께 논의하여 먼저 처리해야 할 일, 나중에 처리해도 되는 일을 결정한다.

여섯째, 그 일에 자신보다 더 적합한 사람을 소개해 주면서 거절한다.

* Greg McKeown 응용

생각해 보세요. 내가 가장 먼저 존중해야 하는 사람은 나 자신이니까요.

위의 상대의 마음을 상하게 하지 않는 공손한 거절의 기술을 참고해서 실전에서 남에게 "No" 하는 것이 나에게 "Yes" 하는 것임을 연습해 봅니다.

♥ 곤란한 부탁을 받은 경험이나 부탁에 거절했던 것이 마음이 걸렸었던 경험이 있다면 적어보세요. 상대에게 "No"라고 대답하는 것이 나의 어떤 마음에 "Yes" 한 것인지 생각해 보세요. 아래 연습 상황 4개를 답해봅니다.

상황(부탁이나 요구): _____
남에게 No: _____
나에게 Yes: _____

1. 그리 가고 싶지 않은 일에 참여 요청
"이번 주말에 영화를 같이 보러 가자."
남에게 No: _____
나에게 Yes: _____

2. 도움 요청
"우리 집 강아지 좀 대신 봐줄 수 있어?"
남에게 No: _____
나에게 Yes: _____

Yes to Myself: 자기존중

3. 갑작스러운 방문 요청

"오늘 너희 집에 놀러가고 싶어! 어때?"

남에게 No: _____

나에게 Yes: _____

4. 과도한 업무 부담이 있는데 직장에서 또다른 협업 제안

"우리 회사에서 새로운 프로젝트에 참여하면 좋을 것 같아요."

남에게 No: _____

나에게 Yes: _____

호흡과 명상

거절이 힘든 나를 위한 자기존중 명상

   편안한 자세로 앉아, 눈을 살짝 감아봅니다. 조용히 내 호흡을 알아차립니다. 들숨에 들어오는 시원한 공기, 몸의 곳곳으로 가는 산소. 그리고 이산화탄소를 싣고 나가는 날숨을 느껴봅니다. 코로 크게 들이마시고, 입으로 후 하면서 내쉽니다. 희망의 공기를 들이쉬고, 걱정과 근심을 후 하면서 내보냅니다. 몇 번 더 심호흡을 합니다.

   우리는 이 세상에 사람으로 태어났다는 것만으로 존중받아 마땅합니다. 모든 사람은 그 능력이나 기술, 학력이나 재력에 무관하게 절대적인, 존엄한 가치가 있습니다. 세상에 존중받을 모든 사람 중에 나에게 가장 소중한 사람은 바로 나입니다.

   호흡을 코로 크게 들이쉬고 입으로 내쉬면서 반복합니다.

   나는 가치 있는 사람이다. I am worthy.

나는 어떤 상황에서도 가치 있는 사람이다. I am worthy no matter what.

집을 지을 때 벽이 꼭 필요한 것처럼 나를 보호하고, 나를 존중하고, 나를 안전하게 지켜주는 벽boundaries은 필요합니다. 그래서 "No"라고 말해야 할 때가 있습니다. 다른 사람에게 하는 "No" 뒤에 나에게 하는 "Yes"가 숨어 있기 때문입니다.

내가 의도하는 것, 하고 싶은 것, 나를 행복하게 하는 것, 내가 중요하게 생각하는 가치들을 떠올려 보고 거기에 우선순위를 둡니다.

호흡을 코로 크게 들이쉬고 입으로 내쉬면서 반복합니다.

나는 나를 존중한다. I respect myself.
나는 나에게 "Yes"라고 말한다. I say "yes" to myself.
나는 나를 사랑한다. I love myself.

자기 페이스로 자연스럽게 호흡을 몇 번 더 하다가 준비가 되면 눈을 뜹니다.

내 몸값이 금 백 돈이라면 다른 사람은 누구도 백 돈보다 높지 않습니다. 내가 나를 스스로 낮추게 되는 관계가 있다면 이제는 그 밸런스를 다시 맞추어 봅니다.

'거절'이 나를 존중하는 방법 중에 하나임을 배웠습니다. 남들에게 "No" 하기 어려울 때는 나에게 하는 "Yes"를 떠올리며, 나를 더 존중해 주는 사람이 되어보세요!

7주 차, Yes to Myself: 자기존중

| 1일 | 년 | 월 | 일 | 요일 |

오늘의 감정   스트레스 레벨

오늘 감사한 것 세 가지

1.

2.

3.

나를 소중하고 귀하게 여기는 마음을 품고 다음을 필사합니다.

나는 어떤 상황에서도 가치 있는 사람이다.
I'm worthy no matter what.

오늘 나에게 "Yes" 하기 위해 남에게 "No" 한 일이 있었으면, 어떤 상황이었는지 적어보세요.

상황:

남에게 No:

나에게 Yes:

| 2일 | 년　　　월　　　일　　　요일 |

오늘의 감정 ……………………… 스트레스 레벨 ………………………

오늘 감사한 것 세 가지

1.

2.

3.

나를 소중하고 귀하게 여기는 마음을 품고 다음을 필사합니다.

　나는 나를 존중한다. I respect myself.

오늘 나에게 "Yes" 하기 위해 남에게 "No" 한 일이 있었으면, 어떤 상황이었는지 적어보세요.

　상황:

　남에게 No:

　나에게 Yes:

Yes to Myself: 자기존중

| 3일 | 년　　월　　일　요일 |

오늘의 감정　　　　　　스트레스 레벨

오늘 감사한 것 세 가지

1.

2.

3.

나를 존중하는 마음을 가득 담아 내 주위를 정돈해 봅니다. 내가 공부하고 일하는 곳, 잠자는 곳을 정리해 볼 것을 추천합니다. 온 집을 다 할 필요는 없습니다.

어떻게 정리했나요?

정리하고 나니 기분이 어떤가요?

4일	년 월 일 요일

오늘의 감정 .... 스트레스 레벨 ....

오늘 감사한 것 세 가지

1.

2.

3.

내 주위 사람 중 나를 가장 존중해 주는 사람들은 누구입니까?

어떤 것을 보면, 또는 어떤 상황에서 그 사람이 나를 존중한다는 것을 느낍니까?

Yes to Myself: 자기존중

| 5일 | 년 월 일 요일 |

오늘의 감정 　　　　　스트레스 레벨

오늘 감사한 것 세 가지

1.

2.

3.

혹시 주위에 나를 존중해 주지 않는 것 같은 사람이 있나요? 어떤 모습이 그런 느낌을 들게 하나요?

그 사람과의 관계에서 내가 나를 존중하기 때문에 내가 할 수 있는 것은 어떤 것이 있을까요?
예) 가능하면 거리를 둔다. 존중하는 사람들과 더 많은 시간을 보낸다. "No"라고 말하는 연습을 한다. 존중해 달라고 말한다.

자기존중을 떠올리며, 나를 존중하고 소중히 여기는 사람들 안에 나를 더 많이 두고, 그렇지 않은 곳에는 가능하면 나를 두지 않도록 다짐해 봅니다.

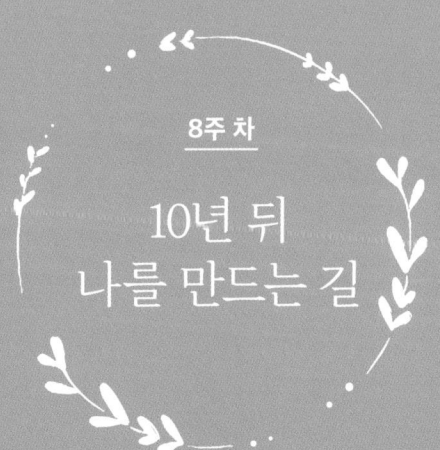

8주 차

10년 뒤 나를 만드는 길

지금까지 나를 받아들이고 따뜻하게 대하고 존중해 주고 또 돌봐주는 것을 많이 연습했습니다. 이렇게 나를 계속 사랑해 준다면 그 사랑을 먹고 나는 점점 더 성장하게 되겠죠?

그럼 10년 뒤에는 어떤 내가 되어 있을까요? 10년 뒤에 펼쳐질 나의 삶을 상상해 봅니다. 가진 물질이나 환경을 상상하는 것도 좋지만, 그보다 내가 어떤 사람이 되어 있으면 좋겠는지를 생각해 보세요. 이상과 목표를 가지고 미래를 상상하는 것은 내 삶의 방향성을 제시하는 데 큰 도움이 되고 동기 부여도 된답니다.

10년 후에 나는 몇 살인가요? 어떤 사람으로 기억되고 싶으신가요? 그때 내가 되었으면 하는 그 사람을 마음껏 상상해 보세요. 물질이나 환경보다는 '나'라는 사람에 더 집중해 보세요.

10년 후 나는…

'나는 더 현명한 사람, 배려 있는 사람, 기여를 더 많이 하는 사람이 되고 싶다. 더 감사하는 사람, 사랑을 많이 나누는 사람이 되고 싶다.'처럼 미래의 모습을 그려보세요.

소중한 사람에게 어떻게 기억되고 싶은지, 10년 후 나의 딸에게 어떤 엄마로 기억되고 싶은지 고민해 봐도 좋습니다.

10년 후 목표로 '돈을 몇백 억 벌겠다.' 하는 다짐도 좋지만, 이런 외부적인 목표가 이루어지기까지는 여러 가지 방해가 있을 수도 있습니다. 예를 들면 사업을 10년 동안 일으켜 놓았는데 투자 사기를 당한다거나, 주식 시장이 갑자기 폭락한다거나 할 수도 있지요.

하지만 마음이 따뜻한 사람이 되겠다, 더 현명한 사람이 되겠다는 다짐에 방해가 될 것은 별로 없습니다. 그렇기에 내가 마음먹은 사람이 되기 위해 10년 동안 꾸준히 노력한다면 바라는 대로 되어 있을 가능성이 매우 높습니다. 나의 따뜻함을 누가 사기 쳐서 훔쳐 간다거나, 나의 내공 레벨이 갑자기 폭락할 일은 없을 테니까요.

10년 동안 무엇을 하면 그런 사람이 될 수 있을까요?

10년 뒤 내가 원하는 사람이 되기 위해 지금 할 수 있는 일

☐ 감사 일기 쓰기
☐ 폭 넓은 독서
☐ 만족지연 좌절감내 연습하기
☐ 작은 일에 휘둘리지 않는 연습하기
☐ 자연에서 시간 보내기
☐ 명상하기
☐ 봉사활동 하기
☐ 성장을 위한 강의 듣기
☐ 작은 것에 감사하기
☐ 규칙적인 운동
☐ 건강한 식사
☐ 쉬는 날 정하고 푹 쉬어주기
☐ 취미 활동 찾아보기
☐ 차분히 생각하는 습관 만들기
☐ 친절 베풀기
☐
☐

여기 내면이 성장하는 데 도움이 되는 활동들을 예시로 적어 놓았습니다. 앞에서 연습한 자기돌봄 활동도 많이 들어가 있죠. 감사도 등장하는데요, 감사하는 삶을 살면 점점 내면이 성숙한답니다. 우리가 워크시트에 매일 감사한 것을 적는 이유 중 하나이기도 합니다.

자, 이제 여러분이 내가 원하는 사람이 되기 위해 10년을 노력했습니다. 그리고 이제 20××년이 되었습니다. 바라던 대로 더 성숙하고, 현명하고, 배려 깊고, 통찰력 있고, 감사하고, 기여하는 사람이 되었습니다. 이제, 그 미래의 내가 지금의 나에게 사랑을 담아 편지를 한번 써 봅니다. 이 책에 준비된 편지지를 쓰셔도 되고 다른 예쁜 편지지를 쓰셔도 됩니다.

어떻게 써야 할지 모르겠다는 분들을 위해 몇 가지 팁을 드립니다. 아래 예시처럼 사랑과 인정, 용서와 위로, 지지와 격려를 담아보세요. 마지막에 조건 없는 사랑을 꼭 표현해 주시고요.

1. 다정히 이름을 불러준다.

2. '내가 너를 진짜 잘 아는데, 이러이러한 장단점과 복을 합쳐서 너 진짜 괜찮은 사람이야.' '참 귀하고 사랑스러워.'

3. '네가 어려운 상황에서 고군분투하고 있는 거, 다른 사람은 모르겠지만 내가 다 안단다. 네 덕 제일 많이 본 사람이 바로 나야. 건져주고 애써줘서 고마워.' '그 여건에서 그 정도면 잘하고 있는 거야. 네 몫을 충분히 해내고 있는 거야. 너는 가정에, 직장에, 세상에 보탬이 되는 귀한 사람이야.'

4. '네가 잘하지 못한 것에 죄책감을 너무 갖지 말고, 너의 잘못을 너무 나무라지 마. 너의 잘못도 충분히 인정했고, 진심으로 사과했고, 뉘우쳤고, 이제는 많이 성장했으니까 그만 너를 용서해 줘. 나는 너를 이미 용서했단다. 나는 네가 그 과거에서 벗어나서 현재를 즐겁게 살았으면 좋겠어.'

5. '너는 내가 세상에서 가장 사랑하고, 최고로 아끼는 사람이야. 잊지 마. 나는 언제나 항상 변함없이 너의 모습 그대로를 사랑해.'

어떠셨나요? 내가 부족하게 느껴질 때, 내가 용서가 되지 않고 자책이 될 때, 너무 힘든데 누구에게도 말하기 어려울 때, 편지지를 꺼내 10년 뒤 한층 현명하고 성숙해진 나를 상상하며 지금의 나에게 애정 어린 편지를 써보세요. 지금의 나는 미래에서 온 편지를 받고 감동으로 울먹이며 위로받고, 큰 힘과 용기를 얻을 거예요.

10년 후 내가 오늘 나에게 쓰는 편지

미래의 내가 가장 사랑하는 사람은 바로 '나'!
사랑과 지지, 위로와 격려를 듬뿍 담아
현재의 나에게 보내는 편지를 써보세요.

호흡과 명상

10년 뒤 나에게 온 편지 명상

 이제 편안한 자세로 앉거나 누워서, 눈을 살짝 감습니다. 조용히 내 호흡을 알아차립니다. 천천히 상쾌한 공기가 코끝으로, 목 뒤로, 가슴으로, 배로 들어오는 걸 느낍니다. 천천히 숨을 내뱉으며 반대로 빠져나가는 공기의 흐름을 느낍니다. 코로 크게 들이마시고, 입으로 후 하면서 내쉽니다. 희망의 공기를 들이쉬고, 걱정과 근심을 내보냅니다. 몇 번 더 심호흡을 합니다.

 이제 나를 있는 모습 그대로 받아들이고 나니 마음이 편안하고 차분해집니다.
 나를 더 아껴주고, 존중해 줍니다. 나는 이제 점점 더 감사하는 사람이 됩니다. 더 배려심이 많고 사랑이 많은 사람이 됩니다. 더 현명하고 통찰력 있는 사람이 됩니다. 더 마음이 단단하고 용기 있는 사람이 됩니다. 이렇게 쑥쑥 성장하는 나를 아무것도 방해할 수 없습니다.

10년이 지난 20××년, 그 성숙하고 현명한 내가 지금의 나에게 편지를 써왔습니다.

위에서 자신의 이름을 넣어 쓴 편지를 읽어보세요.

"○○아, 나는 네 모습 그대로 언제나 변함없이 항상 사랑해. 늘 응원한단다……."

이제 다시 호흡을 알아차려 봅니다. 가슴과 배가 올라왔다 내려갔다 하는 것을 느껴봅니다. 호흡을 자기 페이스로 몇 번 더 하신 다음 준비가 되면 눈을 뜹니다.

누군가에게 이런 조건 없는 사랑을 받으니까 가슴이 감동과 따뜻함으로 벅차오르지 않나요? 자신에게 이런 진심 어린 사랑을 자주 표현해 주시고, 내가 바라는 모습을 향해 한 걸음 한 걸음 다가가는 여러분이 되시기 바랍니다.

8주 차, 10년 뒤 나를 만드는 길

1일	년	월	일	요일

오늘의 감정 .... 스트레스 레벨 ....

오늘 감사한 것 세 가지

1.
....

2.
....

3.
....

앞에서 생각해 본 내가 미래에 되고 싶은 사람과 비슷한 사람이 주위에 있거나 공인 중에 있나요? 있으면 이름을 적어 봅니다. 그 사람의 사진이 있으면 찾아서 한번 보세요. 그 사람의 어떤 면을 닮고 싶은가요?

사람: .... 닮고 싶은 면: ....

....

사람: .... 닮고 싶은 면: ....

....

사람: .... 닮고 싶은 면: ....

....

| 2일 | 년 월 일 요일 |

오늘의 감정   스트레스 레벨

오늘 감사한 것 세 가지

1.

2.

3.

미래에 되고 싶은 나를 적어봅니다. (매일 같아도 되고 다를 수도 있습니다.)

내가 오늘 한 일 중에서 내가 되고 싶은 사람이 되는 데 도움이 된 것이 있나요?
예) 『나를 위한 용기』를 읽었다. 워크시트를 쓰면서 성찰을 했다. 감사 일기를 썼다. 수면을 잘 취했다. 디지털 디톡스를 했다.

내가 미래에 되고 싶은 내가 되기 위해서 내일 할 수 있는 일은 무엇일까요?
예) 건강한 음식 먹기, 산책, 감사 일기 쓰기

3일	년　　월　　일　　요일

오늘의 감정 ....　　스트레스 레벨 ....

오늘 감사한 것 세 가지

1.
2.
3.

미래에 되고 싶은 나를 적어봅니다. (매일 같아도 되고 다를 수도 있습니다.)

내가 되고 싶은 미래의 나를 상상하면서 다음을 필사해 봅니다.

　나는 마음이 따뜻한 사람이다. I am kind.

　나는 현명한 사람이다. I am wise.

4일	년 월 일 요일

오늘의 감정   스트레스 레벨

오늘 감사한 것 세 가지

1.

2.

3.

미래에 되고 싶은 나를 적어봅니다. (매일 같이도 되고, 다를 수도 있습니다.)

내가 되고 싶은 미래의 나를 상상하면서 다음을 필사해 봅니다.

나는 할 수 있는 사람이다. I am capable.

나는 내가 잘 해낼 거라고 믿는다. I believe in myself.

| 5일 | 년　　　월　　　일　　요일 |

오늘의 감정 　　　　　스트레스 레벨

오늘 감사한 것 세 가지

　1.

　2.

　3.

80세가 된 나를 상상해 보세요. 더 많이 성장하고 더 편안한 마음으로 살아가고 있겠지요. 나는 어떤 사람이고, 나의 마음은 어떤지, 뿌듯한 건 무엇인지, 혹시 후회가 되는 것은 있는지 상상해 보세요.

내가 되고 싶은 나를 상상하면서 다음을 필사해 봅니다.

　내 마음이 편안하다. I am at ease.

　내 마음이 평화롭다. I am at peace.

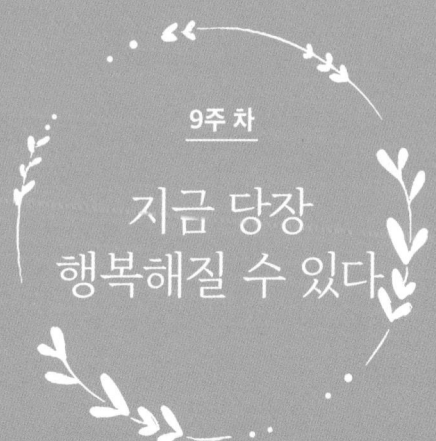

9주 차

지금 당장
행복해질 수 있다

여러분, 이제 자기사랑 연습의 마지막 부분까지 오셨습니다! 지금까지 자기수용, 자기자비, 자기존중, 자기돌봄이라는 자기사랑의 과정을 밟으며, 매일 나를 더 소중히 여기고 위해주고 있기를 바랍니다. 사랑 듬뿍 받는 느낌에 점점 익숙해지고 있나요?

그동안 내가 예쁘거나 잘났기 때문에 나를 받아들이는 것이 아니라, 장점과 단점을 모두 가진 나를 그대로 받아들이는 연습을 여러 차례 했습니다.

이제는 나를 서자처럼 대하지 않고 적자로 인정하고 받아들이게 되었나요? 이런 자기수용이 되셨다면 이제 여러분은 지금 당장 행복할 준비가 되었습니다!

"당신도 지금 당장 행복해질 수 있습니다."

『미움받을 용기』라는 책 마지막 부분쯤에 과감하게 이 말이 나와요.

개인 심리학의 창시자인 정신과 의사 알프레드 아들러의 제자가 말했습니다.

"여러분 모두는 지금 당장 행복해질 수 있습니다. 그런데 지금 행복해지지 못한다면 아마 앞으로도 행복해지기 어려우실 겁니다."

그 배경은 이렇습니다.

여러분은 인간의 최대 불행이 뭐라고 생각하세요? 고립, 만족하지 못하는 것, 사랑을 모르는 것, 죽음, 병, 장애, 자식을 잃는 것일까요? 매우 마음 아프고 고통스러운 일들이지만, 최대 불행은 아닙니다. 왜냐하면 그런 아픔을 가진 사람도 다시 행복해질 수 있기 때문입니다.

> 인간에게 있어 최대 불행
> = 자신을 좋아하지 않는 것

『미움받을 용기』에서는 인간의 최대 불행이 다름 아닌 "자신을 좋아하지 않는 것"이라 말합니다. 아무리 어려운 일이 일어났어도 내가 나를 받아들이고 아껴주고 사랑한다면 다시 행복할 수 있습니다.

그러나, 설령 억만장자가 되어 온갖 귀한 것을 다 얻고, 사랑하는 가족에 둘러싸여 있다 하더라도 나 자신이 싫다면 그것이 바로 인간의 최대 불행인 것입니다.

그렇다면 인간의 불행과 행복은 누구에게 달려 있는 건가요? 바로 자기 자신입니다. 내 행복과 불행을 다른 사람에게 맡기고 싶은 사람이 있을까요? 아무도 없을 것입니다. 그러니 이것은 좋은 소식입니다. 내가 나를 좋아하면 되니까요.

그럼, 행복은 무엇입니까?

사람들은 마음이 편안하기를 바라고, 사랑을 많이 받기를 바랍니다. 그렇게 되면 행복할 거라 믿으면서요. 하지만 생각해 보세요. 우리가 100년을 사는 동안 마음이 계속 편할 수 있을까요?

그럼, 마음이 불편하면 행복할 수 없는 걸까요? 많은 사랑을 받아야만 내가 행복할 수 있는 걸까요? 그렇게 나의 행복이 다른 사람이나 외부 조건에 달려 있을까요?

행복한 삶 = 기여하는 삶

Contribution

답은 여러분이 생각한 것과 전혀 다릅니다. 행복은 기여하는 것이랍니다. 행복한 삶은 기여하는 삶이고요. 다시 말해 여러분이 기여를 하고 있으면 지금 당장 행복한 삶을 살고 있는 것입니다.

기여하는 삶이 행복한 삶이라는 말에 미심쩍은 생각이 드는 분이 많을 겁니다. 무언가가 더 있어야 행복할 것 같다는 의심이 들지요.

예를 들면 나를 사랑해 주는 배우자가 있어야 할 것 같고, 돈이 좀 있어야 행복할 것 같다는 생각을 많이들 합니다. 어떤 사람이 자신을 아끼고 사랑해 주는 배우자를 만나 행복하게 살고 있었습니다. 그러던 어느 날 배우자가 바람을 피워 결국 이혼하게 되었습니다. 그러면 그 사람은 행복할 수 없는 걸까요?

이런 조건들은 있다가도 한순간 사라질 수 있습니다. 돈을 많이 벌어서 부족할 것이 없었다가, 사업 파트너에게 배신을 당해 망하기도 합니다. 곰곰이 생각해 본다면 내가 컨트롤할 수 없는 외부 요소에 나의 행복이 달려 있기를 바라는 사람은 없을 겁니다.

기여는 누구든지 할 수 있는 것입니다. 즉, 누구나 행복해질 수 있다는 것이지요.

그럼 나는 기여를 하고 있나요? 나는 내 쓸모, 내 몫을 하고 있나요? 앞서 내 쓸모는 내가 속한 그룹, 나의 공동체에서 내가 보탬이 되는 것이라 했습니다.

인구 절벽의 위기에 있는 우리나라에서는 자식을 낳고 키우는 부모들, 특히 엄마들은 그야말로 가장 큰 기여를 하고 있는 것입니다. 또 대부분 남자분들은 국방의 의무를 다하며 나라를 지키죠. 또, 성인 대다수는 직장에서 일을 하고, 국세의 의무도 다하고 있습니다. 고시 공부만 몇 년째 하고 있는 청년도 그 몫을 하고 있는 겁니다. 그 사람 자체가 우리의 미래입니다. 청년이 없으면 우리 미래가 없으니까요. 우리의 미래를 몇 년째 공부시키고 있는 그 청년은 없어서는 안 될 사람입니다.

몸이 아파서 아무것도 못 하고 가족에게 보살핌을 받고 있기 때문에 나는 기여하는 것이 없다고 말하는 분이 있었습니다. 아닙니다. 사람은 행위적 차원(level of acts)에서 기여할 수 있지만, 존재적 차원(level of being)에서도 기여할 수 있기 때문입니다.

저 또한 병으로 인해 방바닥에 누운 채 잘 일어나지 못했던 기간이 있었습니다. 직장은 당연히 가지 못했지요. 어머니가 제 목욕까지 도와주셔야 했던 그때 나는 행위로는 아무런 기여를 할 수가 없었습니다. 그럼, 저의 사람으로서의 가치도 바닥에 떨어졌을까요? 그렇지 않았습니다. 제가 존재만으로도 어떤 몫(기여)을 하고 있었던 것입니다.

아파서 아무것도 못 하고 누워 있는 동안에도 엄마에게 저는 세상 모든 것보다 더 귀한 딸이었습니다. 아파서 아내 역할도 못 하고 한국에 있었지만, 미국에 있는 남편에게는 내가 있다는 사실 자체가 힘이 되었습니다. 이렇듯 사람에게 있는 존재적 차원의 가치는 그 사람의 능력이나 행위와 무관한 절대적 가치입니다.

우리가 병이나 환경, 장애 등의 요인으로 인해 직접 행위적 차원의 기여를 못 한다 하더라도 존재적 차원의 가치와 몫을 하고 있습니다. 그러니까 사람은 모두 살면서 계속 기여를 하고 있는 것이에요. 눈에 띄는 도움을 주지 않더라도 누군가에게는 살아 있는 것만으로도 소중한 나인 것입니다.

거기서 한 걸음 더 나아가 자신이 뿌듯해할 수 있는 일을 하면 되는 것입니다. 내가 할 수 있는 만큼 기여하면 그것이 바로 행복입니다.

내가 어떤 기여를 하고 있는지 알고 싶다면 다음 질문에 답해보세요.

> "당신에게 주어진 것으로 당신은 무엇을 하고 있습니까?"
> What are you doing with
> what are you've been given? – 릭 워렌

『목적이 이끄는 삶』의 저자 릭 워렌 목사님이 하신, 저도 늘 되뇌는 질문입니다. 나에게 없는 것으로 기여하려 애쓰기보다, 주어진 걸로 하면 됩니다. 혹시, 나는 받은 게 없는 것 같다고 생각하시나요?

우리는 일단 가장 귀한 생명을 받았습니다. 또 대부분은 큰 병 없이 건강할 겁니다. 그리고 한국에서 태어

나 고등교육도 받고, 인터넷 강의도 들을 수 있는 환경이 주어졌습니다. 거의 다 가족도 있을 거예요. 혹, 지금 가족이 없는 분도 어린 시절 나를 키워준 누군가가 있었을 겁니다.

저는 소아정신과 의사로서 인간의 출생과 발달을 자세히 배우고 관찰할 기회가 많았습니다. 어린 생명이 생존하고 성장, 발달하기 위해, 양육자의 절대적인 희생과 헌신이 이만큼 오랜 기간 요구되는 동물도 없습니다. 망아지는 태어나면 한두 시간 만에 걷기 시작하는 거 아시죠? 제 소아정신과 수련 동기는 "이렇게 무지막지한 정도의 돌봄이 필요한 인간이 멸종하지 않고 계속 살아온 게 기적 같다."고 하더군요. 결국 우리 모두는 누군가가(대부분은 부모) 자신을 막대하게 희생해 가며 지극정성으로 보호하고 키워주었기 때문에 지금까지 살고 있는 것입니다. 이것을 깨닫고 나서, 혹시라도 부모님에 대한 원망이 있었다면 그것이 조금은 덜해지기를, 나아가 감사의 싹이 스르륵 돋아나기를 바랍니다.

자신은 좋은 것은 별로 받지 못했고, 병과 상처 같은

악재만 겹겹이 받았다고 생각하는 분도 있을지 모릅니다. 만약 제가 아프지 않았고 계속 건강하고 에너지가 넘쳤다면 미국에서 좋은 의사로 남았을 수는 있지만, 이렇게 여러 권의 책을 써내고 한국에서 강의를 할 여력이 없었을 것입니다. 그러니 병도 제가 기여하는 데 바탕이 된, 저에게 주어진(given) 선물(gift)이었습니다.

알고 보면 자신이 받았던 상처나 어려웠던 일, 고난을 겪었던 경험을 바탕으로 다른 사람들을 도우는 기여를 하는 사람이 많습니다.

극명한 예로 인간에게 있는 가장 큰 고통을 겪은 엄마의 이야기가 있습니다. 스칼렛 루이스는 2012년 미국 초등학교에서 일어난 총격 사건으로 6살짜리 아들 제시를 잃었습니다. 그는 비통한 애도 중에 이런 비극이 다시는 일어나지 않도록, 안전하고 사랑이 넘치는 학교 환경을 만들겠다고 다짐합니다. 이에 추즈러브운동 Choose Love Movement을 일으켜 지금은 미국뿐만 아니라 전 세계에 퍼트리고 있습니다.

아들러는 더 나아가 실질적인 기여가 꼭 눈에 띄지

않더라도 내가 무언가에 기여하고 있다는 감정(기여감, 공헌감)feeling of contribution만으로도 행복할 수 있다고 합니다. 어차피 내가 실제로 얼마나 보탬이 되었는지는 알 수 없는 경우도 많습니다. 때문에, 기여한다는 느낌을 갖는 것만으로도 행복한 것이죠.

오늘 설거지를 해서 집안일에 기여했다면 그것이 바로 행복입니다. 엄마가 된 경험을 통해 육아를 하는 친구나 임신한 친구들의 기쁨과 슬픔에 깊이 공감하고 함께할 수 있었으면 그것이 바로 기여이고 행복입니다. 병으로 아팠다면 아픈 사람을 공감하고, 안아주고, 사랑할 수 있으므로 더 기여하고 행복할 수 있습니다. 취업, 진로 때문에 매우 힘든 시기를 보냈던 분은 대학에서 취업 컨설팅을 하며 기여하고 행복을 느낄 수 있습니다.

어떻습니까? 갑자기 내가 지금 당장 매우 행복한 사람이 되지 않았나요?

그런데, 여기서 주의할 점이 하나 있습니다. 기여하는 것, 기여한다고 느끼는 것이 행복이라는 것을 자칫 잘못 이해하면, 자신을 희생하고 남을 위해 사는 것이 행복이라 착각할 수 있습니다. 자식의 성공을 위해 자신의 모든 것을 내려놓고 올인하는 부모처럼요. 그것이 진정한 기여이고 행복일까요?

이 장의 앞부분에서 말한 인간의 최대 불행이 무엇인지 기억나세요? 바로 자기 자신을 싫어하는 것이지요. 자신은 없어지고 자식만 있는 부모는 그런 자신을 좋아할까요? 아마 그렇지 않을 겁니다.
기여가 행복이 되는 것은 자기수용이 이루어지고 난 다음 단계입니다. 자기수용과 자기존중이 부족하면 남을 위해 자신을 희생하는 데서 행복을 찾으려다 오히려 "나를 좋아하지 않는" 인간의 최대 불행을 겪을 수도 있기 때문입니다.

자신을 있는 모습 그대로 받아들이고, 우리는 모두 존재만으로도 가치가 있고 기여를 하고 있다는 걸 알게 되었다면, 여러분은 지금 당장 행복한 사람입니다. 이와 같이 행복을 바깥이 아닌 나로부터 찾게 되면, 특히 존재만으로도 기여하는 것이고, 기여하는 것이 행복이라는 것을 알게 되면, 세상 모든 사람들이 지금 당장 행복할 수 있는 것입니다!

하루하루 내가 기여하고 있는 부분을 바라보며 살아보세요. 아이들에게 책을 읽어주면서 기여한 것, 오늘도 직장에 가서 기여한 것, 강의도 듣고 책도 보면서 나를 교육시킴으로 기여한 것. 여러분이 기여하고 있는 것에 어떤 것이 있나요? 기여하는 삶이 행복한 삶이라는 것을 알았으니, 그 각각의 기여가 곧 행복입니다. 다음 페이지에 크고 작게 내가 기여하고 있는 것들을 적어보면서 행복도가 착착 올라가는 것을 경험해 보세요.

💬 내가 기여하고 있는 것에는 어떤 것들이 있나요?

1.
　　　　　　　　　　　　　　　　　　⇨ 행복

2.
　　　　　　　　　　　　　　　　　　⇨ 행복

3.
　　　　　　　　　　　　　　　　　　⇨ 행복

4.
　　　　　　　　　　　　　　　　　　⇨ 행복

5.
　　　　　　　　　　　　　　　　　　⇨ 행복

6.
　　　　　　　　　　　　　　　　　　⇨ 행복

7.
　　　　　　　　　　　　　　　　　　⇨ 행복

지금 당장 행복해질 수 있다

호흡과 명상

내가 쓸모없다고 느껴질 때

  잔잔히 호흡을 하며 지금 여기로 옵니다. 천천히 내 몸 안으로 공기를 맞아들이고 다시 공기를 내뱉습니다. 코끝으로, 목 뒤로, 가슴으로, 배로 공기가 들어오는 걸 느껴봅니다. 천천히 입으로 공기를 내쉬면서 반대로 빠져나가는 공기의 흐름을 느껴보세요.. 몇 번 더 심호흡을 하면서 내 몸을 느껴봅니다.

  이제 내가 살아가면서 관계를 맺고 있는 공동체를 떠올려 봅니다. 가족, 학교, 직장, 이웃 등······.
  나는 이 그룹에 보탬이 되는 사람입니다. 내 몫을 하며 기여하고 있습니다. 혹시라도 내가 행동으로 보탬이 되지 못한다면 나는 존재만으로도 누군가에게 큰 사랑과 힘이 되고 있습니다. 이 세상에 살아 있다는 자체만으로도 나는 가치 있는 사람입니다.

  기여는 나의 재능으로만 하는 것이 아닙니다. 내게 주어진 경험, 장단점, 강약점, 복, 그 모든 것으로 기여할 수 있습니다. 나에게 주어진 것은 어떤 것이 있는지 떠올려 봅니다. 나에게 주어진 결핍이나 상처가 오히려 나를 더 기여하는 사람으로 만들어 줄 수 있습니다.

나는 존재만으로도 내가 속한 그룹에 보탬이 되는 사람입니다. 나아가 내가 할 수 있는 크고 작은 모든 것들이 기여입니다.

내가 세상에 기여하고 있다는 따뜻하고 행복한 기운을 크게 들이마십니다. 그리고 천천히 후 하고 내쉬면서 그 기운을 바깥으로 내보냅니다. 내 몫을 하는 뿌듯함, 기여하는 느낌, 그것이 곧 만족감이고 행복입니다. 이 행복을 온 세상으로 퍼트려 보냅니다. 우리 가족, 직장, 이웃, 우리 사회와 온 세상으로 행복감이 번져가고, 세상 모든 사람과 이 행복을 나눕니다. 행복은 나누면 더 많아지고 배가되어 풍성해지니까요.

이제 온 세상 모두가 행복해집니다.

우리는 세상입니다.
우리는 같은 형제입니다.

지금 당장 행복해질 수 있다

우리가 바로 이 세상을 더 밝은 곳으로 만드는 사람들입니다.

다 함께 기여합시다.*

We are the world.

We are the children.

We are the ones who make a brighter day,

so let's start giving.

다른 사람에게 기여할 때 나도 행복해지기 때문에 모두가 기여를 나누면서, 사랑을 나누면서 다 함께 행복해집니다.

다시 호흡으로 돌아와 자기 페이스대로 몇 번 더 호흡을 하세요. 그리고 준비가 되면 눈을 뜹니다.

자기사랑의 9주 과정을 다 마치신 여러분, 정말 축하합니다! 어떠셨나요?

---

* 마이클 잭슨 〈위 아 더 월드We are the world〉 응용

나의 잘못과 실수를 용서하며, 내가 힘들 때 더 따뜻하게 대해주고, 나를 있는 그대로 받아들이고, 나를 함부로 대하지 않고 존중하며, 나의 몸과 마음을 잘 돌보아 주는 연습을 꾸준히 한 나는, 이제 세상에 두려울 것이 별로 없습니다. 살면서 어떤 일이 일어나도 나는 나에게 다정한 친구가 되어주고 나를 소중히 여기고 잘 돌봐줄 거니까요. 그리고 나에게 주어진 모든 것으로, 행동으로든 존재로든 기여하는 삶을 살 거니까요. 그러므로 지금 바로 행복한 사람이니까요. 이렇게 우리 하나하나가 행복한 삶을 살게 되면 우리 사회는 당연히 행복한 사회가 될 테니까요.

이 가득 차고도 넘치는 사랑과 행복을 온 세상에 나누며 살아가는 여러분이 되시기를 바랍니다. 그리고 여러분의 자기사랑으로 인해 주위 분들도 하나하나 자신을 사랑하는 것을 닮아가고 물들어 가게 되기를 바랍니다.

내면도 건강한 사회가 되기까지!
#라이즈투게더

9주 차, 지금 당장 행복해질 수 있다

1일	년　　　월　　　일　　요일

오늘의 감정　　　　　　　스트레스 레벨

오늘 감사한 것 세 가지

1.

2.

3.

지금까지 연습한 자기사랑의 네 가지 주요 요소를 적어보세요. 나는 어느 정도로 잘 하고 있는 것 같나요?

* 1 매우 잘하고 있다. 10 매우 못하고 있다.

　　　　　　　　　　　1 2 3 4 5 6 7 8 9 10

　　　　　　　　　　　1 2 3 4 5 6 7 8 9 10

　　　　　　　　　　　1 2 3 4 5 6 7 8 9 10

　　　　　　　　　　　1 2 3 4 5 6 7 8 9 10

부족한 부분을 더 채우려면, 나는 어떤 연습을 더 하면 좋을까요? 책의 앞부분을 다시 훑어 보고, 반복해도 좋습니다.

| 2일 | 년   월   일   요일 |

오늘의 감정   스트레스 레벨

오늘 감사한 것 세 가지

1.

2.

3.

나는 나를 얼마나 사랑하나요?
* 1 매우 사랑하지 않는다. 10 매우 사랑한다.

1 2 3 4 5 6 7 8 9 10

내가 별로 사랑스럽지 않게 느껴진다면, 그 이유는 어떤 것들이 있나요?

내가 사랑스럽게 느껴질 때는 언제인가요?

지금 당장 행복해질 수 있다

3일	년 월 일 요일

오늘의 감정　　　　　스트레스 레벨

오늘 감사한 것 세 가지

1.
2.
3.

나는 얼마나 행복한가요? (지금 행복하지 않다고 느껴도 괜찮습니다.)

* 1 매우 행복하지 않다. 10 매우 행복하다.

1 2 3 4 5 6 7 8 9 10

지금까지 배우고 연습한 것을 바탕으로, 나를 따뜻하게 보듬어 안아주는 마음으로 다음을 필사합니다.

　나는 나를 받아들인다. I accept myself.

　나는 이 여건에서 이정도 해내고 있는 내가 자랑스럽다.
I am proud of myself.

4일	년　　월　　일　　요일

오늘의 감정 .... 스트레스 레벨 ....

오늘 감사한 것 세 가지

1.
2.
3.

어떤 삶이 행복한 삶인가요?

내가 오늘 한 크고 작은 기여에는 어떤 것이 있습니까? 내가 보탬이 된 것을 적어보세요.

　　　　　　　　　　　　　　　→ 행복
　　　　　　　　　　　　　　　→ 행복
　　　　　　　　　　　　　　　→ 행복
　　　　　　　　　　　　　　　→ 행복

지금 당장 행복해질 수 있다

| 5일 | 년 | 월 | 일 | 요일 |

오늘의 감정 .... 스트레스 레벨 ....

오늘 감사한 것 세 가지

1.
....

2.
....

3.
....

당신에게 주어진 것으로 당신은 무엇을 할 건가요?
What are you doing with what you've been given?

　나에게 주어진 것(장단점, 복, 경험, 상처 등등)

....

....

....

　나에게 주어진 것으로 무엇을 어떻게 기여할 수 있을까요? (상처나 결핍에서도 기여가 나올 수 있다는 것을 잊지 마세요.)

.... → 행복

.... → 행복

.... → 행복

나를 그 모습 그대로 받아들이고 사랑하고, 나에게 주어진 것으로 기여하는 삶을 살면 그것이 바로 행복한 삶인 것을 기억하며 다음을 필사합니다.

나는 나를 받아들인다. I accept myself.

나는 그 모습 그대로의 나를 사랑한다.
I love myself just the way I am.

나는 복 받은 사람이다. I am blessed.

나는 어떤 상황에서도 가치 있는 사람이다.
I am worthy no matter what.

마치는 글

"나 어때? 우습게 보여? 이상한 사람처럼 보여?"

얼마 전 남편의 대문 앞니 하나가 빠져버렸습니다. 알고 보니 어린 시절에 한 임플란트가 부러지면서 빠진 것이었죠. 원래도 쑥스러움이 많은 남편은 앞니 빠진 모습이 남들에게 어떻게 비칠지 무척 신경이 쓰였나 봅니다.

"아니, 표 거의 안 나. 활짝 웃지만 않으면 그냥 말할 때는 잘 안 보여."

안심시켜 주어도 여러 번 다시 묻길래, 저는 이렇게 말했습니다.

"자기는 이빨 하나 없어도 나한테는 엄청 섹시하고 귀

여워 보여. 당신 이빨이 다 빠져도 똑같이 사랑하고, 팔다리가 하나 없어도 변함없이 사랑하고, 직장을 못 다니게 돼서 돈을 못 벌어 와도 나는 여전히 당신을 사랑하니까 걱정하지 마. 내가 자기 외모나 돈 보고 사랑하는 게 아니잖아. 그냥 자기니까 사랑하는 거지."

잘 안 웃는 남편이 머쓱하게 미소를 보입니다.

"아내인 내가 자기를 이렇게 예뻐하고, 그 모습 그대로 사랑하는데, 다른 사람이 어떻게 보는지는 별로 상관없지 않아?"

잠시 생각하는 듯하더니, 고개를 끄덕끄덕하고 하던 일로 돌아가더군요.

누군가가 나에게 "네가 너니까 그냥 사랑해."라고 말해준다면 기분이 어떨까요? 한번 상상해 보세요. 나의 생긴 것, 가진 것, 재능이나 장점 등 때문이 아니라 그저 '나'이기 때문에 변함없이 사랑받는다는 것. 마음이 따뜻함으로 부풀어 오르지 않나요? 자녀를 향한 부모의 무조건적인 사랑이 이런 사랑이겠지요.

이런 사랑을 부모 아닌 타인에게서 기대하는 것은 무

모한 일일지도 모릅니다. 그렇지만 이 세상에 딱 한 사람, 나를 이렇게 사랑해 줄 수 있는 존재가 있습니다. 바로 나 자신입니다. 그저 '나'이기 때문에 나를 소중히 여기고 항상 사랑해 주는 것, 그것이 자기사랑의 본질입니다. 이런 조건 없는 자기사랑이 충족되고 나면, 타인의 시선과 평가가 더 이상 큰 문제가 되지 않을 것입니다.

 살아가면서 남에게 인정받고 사랑받기 위해 애쓰는 것이 얼마나 지치고 힘들던가요? 이제 그런 노력을 멈추고 싶은 분들 많을 거예요. 그런데 만약, 나 자신에게조차 인정받고 사랑받기 위해 애써야 한다면……. 살아갈 기운이 확 빠지지 않겠어요? 이것이 바로 인간 최대의 불행이겠지요.
 "나를 위한 용기"는 그 불행의 길에서 벗어나, 행복의 길로 전향하기 위해 필요한 용기입니다.
 그 용기를 내어 하루하루 연습하며 이 책을 완성해 낸 여러분, 행복의 길에 들어선 것을 축하합니다!

 이 길은 꽃길만은 아니지만, 넘어질 때마다 나를 따

뜻하게 일으켜 세워 다시 당당히 걸어갈 수 있는 길입니다. 곳곳에 사랑과 감사가 무수한 별처럼 수놓인 길입니다. 이 길에 들어선 여러분의 발걸음이 한결 가벼워졌기를 바랍니다. 나를 온전히 받아들이고 사랑하면서, 굽이굽이 숨겨진 감사의 순간들을 찾아가며 나의 길을 평안하게 걸어가면 되니까요.

그리고 그 넘치는 사랑과 감사를 나누면서, 내가 가진 것으로 세상에 기여하는 행복한 삶을 살면 되니까요.

행복의 길을 함께 가는 동행자
지나영

이미지 출처

ⓒ조성헌: 125쪽, 129쪽, 130쪽, 134쪽, 137쪽
셔터스톡(Shutter stock): 16쪽, 23쪽, 128쪽, 컬러링

Yes to Myself
나를 위한 용기

부족해서 아름다운 나에게

ⓒ지나영, 2024

초판 1쇄 발행일 | 2024년 9월 26일
초판 3쇄 발행일 | 2025년 7월 2일

지은이 | 지나영
펴낸이 | 사태희
편   집 | 최민혜
디자인 | 김경미
마케팅 | 장민영
제   작 | 이승욱 이대성

펴낸곳 | (주)특별한서재
출판등록 | 제2018-000085호
주 소 | 08505 서울특별시 금천구 가산디지털2로 101 한라원앤원타워 B동 1503호
전 화 | 02-3273-7878
팩 스 | 0505-832-0042
e-mail | info@specialbooks.co.kr
ISBN | 979-11-6703-134-1 (03180)

잘못된 책은 교환해드립니다.
저자와의 협의하에 인지는 붙이지 않습니다.
저작권법에 의하여 보호를 받는 저작물이므로 무단 전재와 복제를 금합니다.